旅の民俗シリーズ

第一巻

生きる

旅の文化研究所編

現代書館

旅の民俗シリーズ

第一巻　生きる

目次

凡例

＊文中には、今日の人権意識からみれば差別的表現として不適切と思われる用語・表現がありますが、時代背景とフィールドワークに基づく本書の内容を考慮してそのまま掲載しております。

＊人名、固有名詞等には適宜ルビを付けております。

＊参考文献は各章の最終ページに掲載しております。

序章　旅と商い

神崎　宣武

旅を生活の場としている人たちがいる。

旅をたつきとしてきた人たちがいた。かつては、それを「旅稼ぎ」とか「旅商い」といった。その業種もさまざまであった。行商人・渡り職人・遊芸人・回国行者など。現在でもその一部が伝わっているが、歴史をさかのぼってみると、なお多くの人びとの往来があったように思える。

そうした旅には、二とおりがあった。ひとつは、「日立て」。もうひとつは、「旅まわり」。狭義には、日立て（日帰り）は旅としない。が、ここでは、それも自分の生活圏を離れての世すぎという意味で、旅稼ぎのなかに含んでいる。

日立て、旅まわりともに、そうせざるをえないそれぞれの事情があった。ひとくくりにいうわけにはいかないが、たとえば行商でみると、海産物を売るために旅に出る事例が多くみられた。もちろん、冷蔵運搬など望むべくもない時代には、一塩ものや日干しの魚、海藻類が主たる商品であった。そうした海産加工品をもって海浜の漁村から内陸の農村に行商に出ていく形態が古かったであろう。

その理由は、ひとえに商品の保存性にある。農村であれば、その主たる収穫物である米はある程度の保存が可能である。そして、売りに出なくても、買い手の方がやって来る。余剰の海産物をできるだけ早くさばかなくてはならない漁村部と比べると、その違いは、いうまでもなく大きい。

物々交換の時代を想定してみよう。漁村から農村へ海産物の行商に出る。男たちが漁業にたずさわるところでは、天秤棒で担ったり箱や籠を背負ったりして往《い》く行商は、女性たちの仕事であった。往った得意先では、商品を米と交換する。したがって、復路も相応の重労働であった。夏と冬は、気候が厳しい。徒歩での遠出には、適していない。それでも行商が途絶えることはなかったが、春や秋よりも停滞期であった。とくに、秋の行商が盛んであった。ひとり漁村部からの海産物行商だけでなく、薬品や漆器などの行商もそうであった。それは、米の収穫後であれば、農村の人たちに物心ともに余裕があり、商品が多くさばけたからである。

そこで、農村部では、秋に頻繁にやって来る行商人たちのことを「秋人《あきんど》」と呼ぶことになった（柳田國男「行商と農村」『定本柳田國男集　第一六巻』に所収）。

その呼称が、やがて居を構えて商売をするところにも転じ、「商人」という字を当てるようにもなったのである。

商業のもとには、行商がある。旅商いである。そのまたもとは、右にふれたように交換《かえごと》にあっただろう。まずは、その歴史をたどってみよう。

旅商いのさまざまは時代とともに

古代における行商の形態は、具体的な想定ができるものではない。それが、中世になると、さまざまな絵巻物が描かれているので、当時の行商の様子が視覚的にとらえやすくなる。それを『日本常民生活絵引』の解釈を参考に掲げてみると、主だったものでで次のような物売りが出てくる。

- 備前福岡の市に集まった魚売りや布売り（『一遍聖絵』＝鎌倉時代初期）
- 魚売り（『西行物語絵巻』＝鎌倉時代中期）
- 門松売り（同）
- 牛蒡や蓮根を担って歩く男（『石山寺縁起絵巻』＝鎌倉時代後期）
- 酒を売る男（『長谷雄卿草子』＝鎌倉時代末期）
- 店先の魚と野菜売りの女（『直幹申文』＝鎌倉時代末期）
- 魚や野菜をいただく販女《ひさぎめ》（『福富草子』＝室町時代後期）

これらは、いずれも京の風俗を中心に描いたものである。なかでも興味深いのは、酒売り男と魚や野菜の販女など、明らかに長距離を歩くための服装をした行商人がみられることである。これは、すでに専業的な行商人が出現していることを示している。

それは、江戸時代になると、さらに明らかになる。

江戸時代の風俗を描いた絵図は数多いが、絵だけでなく文章の解説も詳しい『人倫訓蒙図彙』（江戸時代中期）と『江戸府内　絵本風俗往来』（江戸時代末期）の二つからとりだして、行商の形態をみていこう。

まず、『人倫訓蒙図彙』の中には、柴売女・石売女・山枡川売などが拾える。いずれも旅装束をしているので、本格的な専門行商人だと思える。

『絵本江戸風俗往来』になると、行商人の項目だけざっと拾ってみても、次の数が出る。

紙鳶《たこ》（凧）売・暦売・餅網売・太鼓売・桜草売・野菜売・魚売・苗売・植木売・菖蒲売・花売・金魚売・ところてん売・風鈴売・白玉売・水売・定斉（錠剤）売・稗蒔《ひえまき》（稗植鉢）売・朝顔売・盆提灯売・きりぎりす売・七夕の竹売・苧《お》がら売・間瀬垣《ませがき》（盆棚）売・煤竹売・蓑《みの》売・吉いほくち（消炭）売・七色とうがらし売・油売・鎌倉節の飴売
すべて専業の行商ではないまでも、すでに多種類の行商がそれぞれ専業化して行なわれていたことがわかる。それは、物々交換をこえて、すでに換金行商の全盛を物語っているのでもある。

なお、ここでは、さまざまな行商のふれ声も細かに記述してある。声を出しながら売り歩くこと（ふれ売）も、専業的な行商の特徴のひとつであった。

行商が発展し、多くの専業行商人が歩くようになると、そこにはある組織ができる。近世以降強まった香具師《やし》の組織がその代表的な例である。

香具師は、テキヤとも呼ばれる口上《こうじょう》商人である。よく博徒（やくざ）と混同されるが、そうではない。零細ながらも有職渡世《とせい》の行商人である。ただ、香具師は、市や縁日で露店をはり、弁舌をもって商品を売る。すると、そこではときに地主との交渉事《もめごと》や商人同士の軋轢《あつれき》が生じる。そこで、それを防いだり仲裁するための世話役や、その世話役を中心とした地域ごとでの組織化が必要になる。それが、テキヤ○○一家である。

そして、香具師は、その組織に属することで、安心して全国を歩けた。土地の一家に挨拶を通し、いくらかのショバ代（手数料）を出せば、交渉事に直接手を下さないで商売ができたのである。香具師の活動もまた、行商を語るときには決して忘れることができない史実というものである。

また、組織だって発展したとはいえないまでも、ある地域の行商人がこぞって都市部に進出し、名うての商人《あきんど》や商社になった例も多い。

たとえば、甲府（山梨県）を中心とした西都《さいと》商人は、おもに衣服の行商で活躍し、それはやがて東京の既製服業界の中核に進出してくる。また、近江商人（滋賀県）は、持ち下り行商を発展させ、江戸日本橋、大阪本町通り、京都三条通りなどに大店舗を並べるようになった。持ち下りというのは、行商に出て売り尽くすと先方で物資を仕入れ、売りながら帰郷する方法である。その他、越中商人、松坂商人、伊予商人など、みな個々の行商から発展した同郷の商人群である。

行商は、けっして古くさい商売でもなければ、特殊な商売でもない。そして、小売販売店の発達した現代でも、自動車や電車を利用しての行商は、私たちの身近にある。飲食物の移動販売車も、行商形態といえるだろう。また、商品をもたないで家々を訪ねて、注文だけをとって歩くセールス商法もある。これには、大は自動車から小は新聞まで、さらにかたちとしてはとらえようもない保険のようなものまでが含まれる。と、みていくと、行商こそが、すべての商法の祖型だ、ともいえるのではなかろうか。

渡り職人は今いずこ

商人は、商品をもつ。職人は、技術をもつ。かつて、職人の技術を「手職」といった。手職もまた、旅稼ぎを可能とした。

さまざまな事情で定住しきれない人が、その手職をたよりに旅に出る。それを、俗に「渡り職人」といった。行商と同じで、得意先をもち、それをつないで歩く。ただ、職人にかぎって「渡り」という。行商人には、その呼称を冠することをしない。なぜだろうか。

その「渡り」とは、「渡る世間」に通じるだろう。「渡世《とせい》」に通じるであろう。ということは、行商における得意先とは、さらに広い行動範囲を意味する。行商は、商品をもつ。一般的に、その商品を補給する場所が特定される。魚の行商であれば、それは行商人の居住地（漁村）にほぼ限定される。それを日々仕入れて売るとなると、得意先の範囲もおのずから限定される。つまり、「日立て」行商となるのである。

もっとも、往《い》く先々で薬草を採集しながら加工もして売りさばく薬師《やし》のように、その得意先を延ばしたり広げたりして旅をする例もある。薬師が、すなわち香具師《やし》のもとであり、そこでは旅先で補給する主流商品が薬草類から香具類《こうぐ》に移行していったことをものがたっている。

そして、香具師の旅では、しばしば「渡世」という言葉をつかう。たとえば、アイツキ（挨拶）で「渡世の義理をもちまして、御当地にご厄介になります」などと名のる。それほどに、行動圏が広いのである。ただし、これを渡り商人とはいわない。

手職をもつ職人は、もちろん得意先ももつが、その範囲をどこまでも広げることが可能である。それを「渡り」とすればよいだろう。一方で、渡り職人を流れ職人ともいった。それは、得意先をもたない旅まわりの職人のこと、と解釈することもできる。

渡り大工、渡り鍛冶《かじ》、渡り木挽《こびき》などという呼称もある。自身がフィールドワークという旅に年間の半分以上を費やした民俗学者宮本常一（一九〇七〜八一年）は、渡り鍛冶について以下のように述べている（『庶民の旅』＝以下、筆者が要約）。

大正時代までは旅する渡り鍛冶が少なくなかった。渡り鍛冶が多かったのは、河内《かわち》（大阪府）であった。一人で渡るのではなく、弟子を同行させるのは向う槌《づち》を打たせるためであった。そして、地方を歩いているうちにそこに住みついて、そのまま鍛冶屋となる者もあった。先祖が河内からやってきた、という村の鍛冶屋の話を聞くこともあった。明治になって、呉（広島県）や品川（東京都）に海軍工廠《こうしょう》ができたり、東京や大阪に砲兵工廠ができると、そこに集まって職工になる者も少なくなかった。明治の中ごろには、そうした最前線の工場でも、技術さえあれば渡り職人でも採用されることがめずらしくはなかったのだ。

現代では、一般に渡り職人に出会うことが少なくなっている。それで、一所不住のうろんな職人、とみがちでもある。そうだとしたら、それをここでは改めておきたい。技術をかわれて、そこに定住する者も少なからずいたのである。

「包丁一本、晒《さらし》に巻いて」と歌いはじめる流行歌（『月の法善寺横丁』）があった。

料理人もまた、渡り職人としてある時期を旅に出る者が少なくなかった。それは、修業のためという方便もたつし、事実、旅先で働いた店やそこでの親方が箔付きとなることもあった。これは、現代にも事例が伝わる。私の友人もそのひとりで、一七歳から約一〇年間を渡り職人で過ごし、その間行った先々で絵馬を集めた。旅から帰り、やがて東京で店を開いた。その店内に絵馬を掛け並べ、店名を「絵馬亭」としたものであった。

詐欺師まがいの渡り

私がフィールドワークで聞きとった印象深い渡り職人は、「新窯喰《しんがまくい》」である。

昭和五四（一九七九）年に岐阜県多治見市の窯場で二人の古老から聞いた話である。それは、磁器づくりの職人の旅であるが、けっしてほめられた話ではない。が、時代を反映してのおかしな話なのである。

自動車が通じる前の時代である。鉄道は通じていても、駅から遠い山地の村々での話である。そこには、磁器が十分に普及していなかった。磁器は、体積《かさ》ばって重いうえに割れものであるから、人力での運搬には限度がある。しかし、磁器の有用性は、十分に知れわたっていた。辺境に住む者には高嶺の花というものであったが、それだけに欲してやまないところがあった。

なぜならば、磁器は、硬質で白素地《きじ》。そこに染付け（青色系）がたやすく、艶釉薬《つやぐすり》をかければ発色も美しくなる。さらに、その上に上絵付け（赤・黄・緑・金など）が可能で、模様が多様で繊細な絵付食器となれば、漆器や陶器よりも有用な器となる。そのことは、現在の私たちの食膳や食卓が証明しているとおりである。

その上等な磁器をたずさえて、美濃から職人が渡ってきた。私が実際に確かめたのは、長野県の清内路《せいないじ》村（当時は、下伊那郡）。そこでも話が聞けたし、窯跡で焼き損じた破片も確認できた。

その職人は、春先にやって来て、村一番の分限者の家に寄宿した。その家の持ち山に良質な磁器原料があるので、窯元になって儲けてはどうか、と言葉巧みに口説いたところで客分となったのである。

磁器の原料は、石英・長石・カオリンを含有した岩石粉であるが、白素地を呈するには酸化鉄の含有量が微量（三パーセント）以下でなくてはならない。元和二（一六一六）年に肥前有田（佐賀県）で磁器が焼かれだして以来、各地でその焼成が試みられたが、そのほとんどは酸化鉄の含有量がため白素地が得られずに廃窯せざるをえなかった。さほどに、磁器の焼成はむつかしかった。

美濃の職人による木曽清内村におけるそれも例外ではなかった。窯を築き、村内の若者数人を雇い、磁器生産の準備をすすめた。轆轤《ろくろ》作業と染付作業は、その年のうちに緒につけた。が、冬が来て雪が積もる。そうすると、作業ができなくなる。坏土《はいど》（原料）が凍《し》みたり、轆轤で成形した器形の内部の水分が凍って割れたりするからである。冬の間は、休業するしかない。

渡り職人は、旦那（雇い主）から信頼を得て優遇され、冬を過ごす。そして、春を迎えると、成形作業を本格化し、窯を空焚きして湿気を除く。夏が来て、初窯。染付けだけの磁器だが、祝儀の絵柄である左馬《ひだりうま》を染付けた。その作品が残るが、焼きが甘く、素地も土色がかった白褐色で染付けの筆さばきも鈍い。試作とはいえ、お世辞にも売りものとはいいがたい磁器もどきである。それでも、ご祝儀相場がついた。器形が歪んだ皿や染付けの線がにじんだりぼやけたりした碗までが近辺の家々に売られているのである。

次は、より白くより美しい器が焼ける、と周辺の誰もが期待した。その職人は、さらに優遇された。そして、それまでにもまして若者たちを熱心に指導した。

やがて、秋。若者たちは、それぞれの家での農作業に忙しくなる。窯焚きは、また冬を越すことになった。そのとき、一年半前に渡ってきた職人は、いとま乞いをするのである。あとは、教えたとおりにすれば商品価値の高い製品が焼ける。そういって、そこまでの報酬を得て去っていくのである。

もちろん、そのとおりにいくはずがない。若者たちの技術は、あまりにも未熟すぎた。というか、渡ってきた職人そのものが、半端職人だったのだ。かくして、その窯は、廃絶の憂きめにあうのである。

新窯喰とは、そうした詐欺師まがいの渡り職人のこと。が、ここで、良し悪しは問うまい。そのところにおいては、うさんくさい渡り職人も少なからずいただろう。旅をたつきとするのは、定住して暮らしを営むよりも裏が深い、といわざるをえないのである。

旅芸人は「まれびと」だった

「芸は身を助ける」といった。

それは、必ずしも旅稼ぎのことではないが、かつては、芸人の旅も多かった。

越後の角兵衛獅子《かくべえじし》、伊勢の太神楽《だいかぐら》、西宮のえびすかき、周防の猿まわし、筑前の琵琶法師などは、小説や映画などにもとりあげられたりして広く知られるところである。そのうち太神楽と猿まわしは、移動(旅)のかたちをかえながらも現代に伝わっている。

青森の津軽三味線、越後の瞽女《ごぜ》、阿波の木偶《でこ》(人形)まわしなどは、門付《かどつ》けとか門打ちというかたちで得意先の家々をまわっていたものである。戦後、とくに経済の高度成長期以降にはほとんどみられなくなったが、阿波の木偶まわしは、近年復活した。

門付け、あるいは門打ちは、祝福芸である。寿《ことほ》ぎ芸ともいう。

その家門《いえかど》を清め、招福を祈るのである。おもに、正月に家々をまわる。新年を寿いでまわるのである。たとえば、阿波の木偶まわしは、歳神《としがみ》を勧請して祈禱もする。芸能のひとつの源流をうかがわせるかたちである。

それを行なう者は、世すぎであり、稼ぎとなる。しかし、それを迎える者は、それを「まれびと」として受け入れ、むげには扱えない。粗末に扱って、たたりがあってはならない。その扱いによって運、不運が違ってくるという伝説の類も少なくない。そこで、米や金銭を喜捨することにもなるのである。

それは、行商人を迎えたときに商品に代価を払うことと同じではない。門付芸人にかぎらない。一般に、旅芸人は、好意的に迎えられたのである。

たとえば、富本繁太夫の『筆満可勢《ふでまかせ》』。繁太夫は、江戸深川の芸人であった。文政一一（一八二八）年六月から天保二（一八三一）年二月まで東北から越後にかけて旅をした。その旅日記が『筆満可勢』である（『日本庶民生活史料集成　第三巻』に所収）。江戸を夜逃げ同様に出奔した繁太夫に、どれほどの芸があったかどうかは疑わしい。富本節の家元を名乗るが、義太夫語りもする し新内語りもする。あげくは、幇間《たいこもち》もする。それでも、お座敷に呼ばれ、祝儀をもらい、旅を続けることができたのである。

もちろん、今は昔のはなし、というしかない。しかし、第二次大戦後もしばらくの間は、芝居の一座も曲芸・手品の一座も浪花節語りも旅を続けていた。とくに、娯楽の乏しい地方の人びとは、それを歓迎した。大都市の流行をまとった旅芸人は、ある種あこがれの的でもあった。それは、映画の巡回興行とは共存したが、テレビの普及とは共存できなかった。端的にいうと、テレビの普及が旅まわりの諸芸を廃れさせたのである。

なお、旅の諸芸とそのしのぎについては、本シリーズの別巻（第二巻）で特集する。

開拓移住という旅路

農民も生活をかけて旅に出た。

半農半漁、半農半商、半農半芸の類。日本での農業は、そうした半農形態が多い。とくに、農閑期には、何らかの稼ぎに出る者が少なくなかった。それを「農間稼ぎ」とか「作間稼ぎ」といった。前掲の行商人や渡り職人、旅芸人にもそうした者が多かった。

現在でも、たとえば酒蔵の杜氏《とうじ》や蔵人《くらびと》がその伝統を継ぐ。日本の気候からしても醸造には寒造りが適しており、それは農閑期とも重なるので農間稼ぎには好都合であったのだ。もっとも、近年は、冷房機や計測器などの進化により通年醸造も可能になり、醸造化学の研究者も関与するようになった。そのところで、農村からの出稼ぎ職人が減ってきてもいる。

一方で、農民は、団体をなしての大がかりな旅をなした例もある。開拓団の移住がそうである。それが成功して、その地で農村集落をなした場合には、移住となる。しかし、不幸にしてそうはならなかった場合には、旅となる。帰国、あるいは帰郷をするということで、志半ばの旅路、というのがふさわしいであろうか。

満洲における開拓団がそうであった。

日露戦争（明治三七＝一九〇四年）以降、中国東北部の満洲への移民がはじまる。日本の満洲経営にもとづいてのことであった。しかし、そこの盟主は清国であり、日本がロシアから委譲された土地は、関東州と満鉄（南満洲鉄道）沿線の附属地にかぎられており、本格的に農業開拓に取り組めるものではなかった。

以後、日本は、関東軍（満洲駐留軍）が独走するかたちで満洲全土への進出をはかりだす。各地で現地の軍閥との軋轢や抗争が生じた。そして、昭和六（一九三一）年に満洲事変が勃発。翌年に日本の傀儡《かいらい》である満洲国が建国された。

そこから、国策としての開拓移民がはじまる。

昭和七年から四年間は試験移民で、約一八〇〇戸が入植した。昭和一一年、「満洲農業移民百万戸移住計画」策定。昭和一二年から二〇年間で一〇〇万戸（一戸五人家族で五〇〇万人）を移住させる、というものだった。

その中心は、農業移民であり、その指針として農家一戸あたりの耕地面積一〇町歩（うち水田面積が一町歩）をうたった。貧農出身者にとっては、夢の満洲開拓の幻想を抱かせるに十分だった。

しかし、国策としての移民計画は、初年度をのぞいて順調には運ばなかった。だいいち、その土地は、満洲に在来の人たちからとりあげたに等しいものだった。したがって、各地で日本人に対しての反感と抵抗があった。匪賊《ひぞく》の襲撃も度重なった。試験移民からの脱落者も相次いだ。

そこで、拓務省を中心に、少年移民で補充する対策が練られた。それで生まれたのが、「満蒙開拓青少年義勇軍」（現地では、義勇隊）である。昭和一三年以降、昭和二〇年まで、その七年間で約八万六五〇〇名の渡満をみた。

なお、旅の文化研究所では、特定研究で満蒙開拓青少年義勇軍をテーマに採りあげ、その成果を『満蒙開拓青少年義勇軍の旅路』として刊行した。あわせてご高評いただければ幸いである。

問題は、終戦（昭和二〇年）からのその後である。

満洲を日本の生命線として固執してきた関東軍は、昭和一九年から二〇年にかけて兵力を削がれていった。南方戦線への応援のためであったが、終戦時にはほぼ全面撤退となる。そして、終戦と同時にソ連軍が侵入してくる。開拓村での略奪や乱行がはじまる。中国の八路軍も、日本に好意的ではなく、銃撃してくることもしばしばあった。

もとより、満洲国に日本人を守る守備力はない。開拓村の農民たちも、訓練中の義勇軍の少年たちも、自力での逃避を余儀なくされたのである。人によって違うが、多くが一年も二年もかけての帰国までの苦難の逃避行であった。

それなりの夢を抱いての往路、生死をかけての復路。現代の私どもからは想像もできない、こうした旅路もあるのだ。いや、世界を見わたすと、現代でも民族間での戦闘が生じるたびに、難民問題が派生している。その難民の大半は、理不尽な逃避行を余儀なくされた、いわれなき戦争の犠牲者なのである。二度とくりかえしてはならない。しかし、人類が幾度もくりかえしてきた愚かしい旅、といいかえてよいかもしれない。

旅は、さまざま。楽しくもあり、また苦しくもある。なかでも、生活をかけての旅には、悲喜こもごもがある。多くの難儀の旅の目的は、安住の場所を求めての「やむなき旅」であったのではなかろうか。

参考文献

柳田國男「行商と農村」(『定本柳田國男集　第十六巻』に所収)　筑摩書房　一九六二年
菊池貴一郎(鈴木棠三編)『絵本江戸風俗往来』東洋文庫　一九六八年
宮本常一『庶民の旅』現代教養文庫　一九七〇年
神崎宣武「旅あきない」(『あるく　みる　きく　No.121』に所収)日本観光文化研究所　一九七七年
澁澤敬三・神奈川大学日本常民文化研究所編『新版　絵巻物による日本常民生活絵引』平凡社　一九八四年
朝倉治彦校注『人倫訓蒙図彙』(東洋文庫)平凡社　一九九〇年
網野善彦『続・日本の歴史をよみなおす』筑摩書房　一九九六年
赤坂憲雄ほか編『さまざまな生業』岩波書店　二〇〇二年
旅の文化研究所編『満蒙開拓青少年義勇軍の旅路』森話社　二〇一六年

一章　行商人の旅

山本 志乃

稲扱千刃の行商

鳥取県の中部、日本海に注ぐ天神川を数キロ遡ったところに位置する倉吉。国の重要伝統的建造物群保存地区にも選定された、白壁の土蔵が立ち並ぶ静かな町である。ここは、江戸時代後期から明治、大正にかけて、稲扱千刃《いなこきせんば》（千歯扱《せんばこ》き）の産地として知られていた。

稲扱千刃は、一七世紀後半に登場した農具である。櫛状に並んだ歯に稲や麦の束をひっかけて籾《もみ》を落とす道具で、それまで扱竹とよばれる二本の竹を使って手でしごき落としていたものが、大幅に作業効率があがり、全国各地に普及した。

中国山地には、古くから銀、銅、鉄などを産する鉱山が各所にあり、鉱山師《やまし》や鋳物師《いもじ》、鍛冶師《かじ》などの活動が盛んだった。倉吉にも、いつのことかはわからないが鍛冶職人が住み着いて、江戸時代初めには鍛冶町が形成されている。

「古金屋」を屋号にもつ赤島家は、幕末に創業が伝えられる千刃鍛冶である。この家の菊蔵が明治時代に各地を行商して歩いた記録が、倉吉博物館に残されている。

稲扱千刃は、台木や鉄製の穂にさまざまな刻印がなされる。実用としては、大正時代に台頭してきた足踏み脱穀機《だっこくき》にとって代わられ衰退したが、全国各地の旧家や資料館、博物館などには現物が多数残されていて、製造や流通の経路を探ることができる。ここでは、赤島菊蔵の行商記録をもとに、先行研究（朝岡康二『鉄製農具と鍛冶の研究』、横浜市歴史博物館編『千歯扱き　倉吉・若狭・横浜』など）を参照しながら、千刃鍛冶たちの商いの旅を追ってみよう。

菊蔵の記録のうち、もっとも古いのは明治三（一八七〇）年。旧暦八月から一二月にかけて、東海道筋の見附《みつけ》（静岡県磐田市）や南神宮寺村（浜松市）で商売をした際のものだ。ここに見える「からみ」「直し」「打直し」といった言葉から、当時の行商は、製品を売るだけでなく、修理や調整を目的としていたことがわかる。

稲扱千刃は、鉄製の穂を、からみ釘という小さな釘で台木にとりつける。穂の数は一七〜二七本。穂と穂の隙間を目といい、からみ釘はこの目を調整する重要な役割を持っている。千刃そのものの耐用年数は一二〜二〇年だが、からみ釘の調整や、台木の付け替えなどの修理を四〜五年ごとに行う必要があるため、職人たちは場所を変えて例年商売に出ていたのである。

明治三年といえばまだ、街道も宿場もほぼ江戸時代のままである。記録が断片的なので、旅の一部しか知り得ないのだが、「三百文　大井川」という記載のあとに、百文を払って人足を雇ったことなどが書かれているのを見ると、重い千刃や修理道具を抱えての川越えは、さぞや苦労だったろうと想像できる。

それから一〇年後、「諸書控」という手のひらほどの小さな帳面に書き留められた、明治一三（一八八〇）年から一五年にかけての旅の記録は、一転して実に細やかだ。

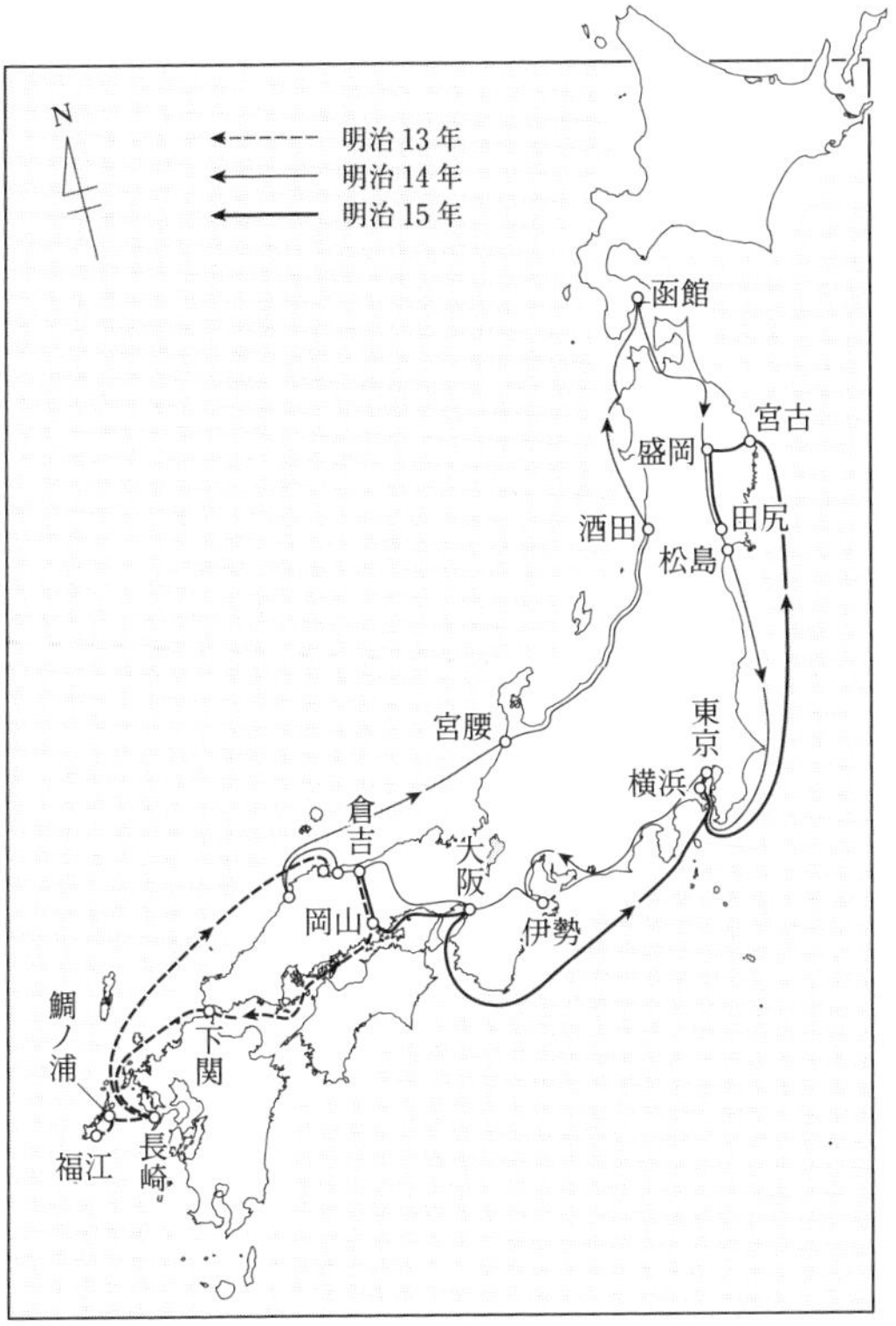

赤島菊蔵の行商記録（明治13年〜15年）

殖産興業の追い風を受けて、商売も軌道に乗ってきたのだろう。いずれの年も、長期間にわたって遠方まで出かけている。ただし、鉄道網はまだ細切れの状態。徒歩と船を基本とした、江戸時代から近代への端《は》境《ざかい》期《き》の旅である。

明治一三年は、旧暦六月二一日に倉吉を出発。江戸時代まで番所があった関金《せきがね》（倉吉市）に宿をとり、翌日犬挟峠《いぬばさり》から中国山地を越えて岡山に出る。蒸気船で瀬戸内海を渡り、下関を経由して長崎へ。七月八日、五島列島の鯛ノ浦（中通島）に到着している。そこから福江（福江島）へ移動。平野屋という宿を主な拠点に、富江やその周辺、鯛ノ浦を行き来するなどして、一二月一四日に帰路につく。境港《さかいみなと》に帰るのが一二月二三日だから、ちょうど半年の出商いであった。

翌明治一四年の行先は、北日本。旧暦六月八日に出発し、淀江《よどえ》（鳥取県米子市）から船で出雲を経由して、加賀宮越（石川県金沢市）へ。ここから陸路で四方《よかた》（富山市）、能生《のう》（新潟県糸魚川市）、黒井（新潟県上越市）、長岡、新潟と北上。六月二九日に酒田着。一週間ほど滞在し、七月六日に、同郷の酒津《さけのつ》（鳥取市）の人の持船に乗る。深浦（青森県西津軽郡）で船を乗り換え、函館まで行き、翌日には蒸気船で再び青森へ。七月二一日に七戸に入り、ここから商売開始となる。目的地到着まで一カ月以上を費やしての往路である。

当時はまだ、日本海側に鉄道は敷かれていない。北前船の寄港地をたどるように沿岸を北上し、酒田で同郷人の船に乗せてもらっているところをみると、山陰とこの地域とは、江戸時代から海路で結ばれていたのだろう。あえて陸路を選んだのは、歩く道すがら、明治を迎えた現地の実情を確かめるためか。函館まで足を延ばしたのも、開拓が進む北海道へと販路を広げる準備だったのかもしれない。この年の記録では、途中から旧暦と新暦が併記されている。改暦から八年、前年の五島列島ではまだ旧暦で商売できたものが、ここへきて、新たな時代への対応を余儀なくされたようである。

菊蔵を含む二～三人で組となり、青森南部の数箇所を転々としながら、帰路は、旧暦一一月二六日に三戸を出立。渋民（岩手県盛岡市）、金ケ崎（岩手県胆沢郡金ケ崎町）、一関（岩手県一関市）を経由して、一二月三日に松島（宮城県）から船に乗る。東京、四日市、姫路などを経て帰郷するのは、一二月一九日。前年同様に、六月に出立して暮に帰るというのが慣例だった。

青森で商売を終えた後、岩手の各所を回ったことが何を意味するのかは、さらに翌年の記録を見るとよくわかる。明治一五年の行先が、まさにこの地域一帯なのである。大型農具の千刃を多数持ち込んでの商売となると、相応の拠点が必要になってくる。旧知の家への挨拶回りか、はたまた新規開拓か、この記録だけでは判断できないが、翌年の商売を見越しての営業だったことは確かだ。

明治一五年、旧暦六月二日に倉吉を出発。中国山地を越えて岡山から蒸気船で大阪へ。横浜で船を乗り換え、六月一四日に宮古（岩手県）着。二週間の滞在の後、盛岡に出発している。この年は、四人が組になっての商売である。

「諸書控」には旅程しか書かれていないのだが、別の書類に、宮古から盛岡まで、合計四二箇一挺の千刃を、四九円八八銭八厘で荷送りした記録がある。一箇は一二挺なので、これだけで五〇五挺。こんな大量の千刃を、売れる目算もなく運ぶはずはないから、前年の下見である程度注文を把握していたのかもしれない。江戸時代後期の記録では、千刃四八挺でおよそ三二貫

（一二〇キログラム）、大雑把な計算でも一トンを優に超える。人力では到底運べるものでなく、馬を使ったのだろう。その馬も、一頭が運ぶ荷は四箇。一一頭の馬が必要ということになる。馬や馬夫など荷送りの手配は、宿が請け負っていたようだ。千刃職人たちの来訪は、迎える土地にも益をもたらしていたのである。

この年の菊蔵たちの足取りを追ってみると、盛岡を中心に、渋民、金ケ崎、大迫（花巻市）、遠野などを九月いっぱいまで巡回。その後、一〇月から一二月にかけて同じところをもう一度回っている。当時の行商は掛け売りで、まずは稲刈り前に修理や販売に回って内金をもらい、稲刈り後に再度回って、残金を徴収するのである。前半に売った千刃の使い心地を、後半の巡回で確かめるようなこともしていたのだろう。アフターサービスまで行き届いた商売で、信頼を得ていたことがうかがえる。

後半の巡回は、一二月八日に完了。そこから前沢（岩手県奥州市）、築館《つきだて》（宮城県栗原市）と南下して、一二月一〇日、田尻《たじり》（宮城県大崎市）で記録は終わっている。北上川下流のこの一帯が、藩政期以来の大穀倉地帯であることを、当時の農具商が知らないはずはない。帰路に次の営業を兼ねるというのが、行商の鉄則だったのだろう。

翌年に、彼らがここを訪れたかどうかはわからない。ただ、大崎市内には現在、おびただしい数の千刃が残されていて、その中に倉吉で作られたものが確かに含まれている。現代から見れば原始的に思える千刃も、当時としては最先端の農具。しかも倉吉製は、まさに一流ブランドである。その倉吉では、明治の半ばからさらに改良を加えた千刃が開発され、台木にカーブをつけた「湾曲千刃」や、穂の根元にバネの工夫を施した「弾発稲扱」などの製品も生まれた。倉吉博物館には、湾曲千刃のミニチュアも残されており、行商に持参して営業に使ったのではないかと考えられている。

さて、田尻で営業を終えた菊蔵一行。そこから先の足取りが、別の書きつけに残されていた。おそらく、松島あたりから船に乗ったのだろう。まっすぐ山陰まで帰らずに、東京でしばし滞在している。上野や浅草では、「御守代」の支出。半年に及ぶ商売が終わり、ほっとしたものか、寺社詣でという名の物見遊山を楽しんだことがわかる。目的は定かでないが、横浜へ日帰り旅行もしている。行きは船、帰りは汽車。東京・横浜間の船賃は、一人一五銭。汽車は倍の三〇銭。往復ではもったいないので、帰りだけ乗車を体験したらしい。「人車」（人力車）の文字もあり、文明開化の文物に目を輝かせる一行が目に浮かぶようだ。もちろん、これらは単なる遊びではない。商売の新しいアイディアを得る視察であったことは、いうまでもないことである。

江戸時代よりも前、商人といえば、すなわちそれは行商人のことだった。商売をすることと、移動すること、旅をすることとは分かちがたく結びついていた。やがて流通網が整い、店を構えて定着するようになっても、旅する商人の本質はどこかで受け継がれ、続いていく。

千刃職人たちの足取りは、大正年間には全国各地に加え、朝鮮半島にも及ぶほどの広がりを見せていた。それに合わせて、彼らが身につけていた倉吉絣《がすり》が全国的に知られるようになったり、あるいは大和方面から持ち帰った梨の苗を培養したのが始まりで、倉吉周辺に梨の特産地ができたりと、本業の千刃のみならず、地域の産業全般を先導する役割も負っていた。

彼らの旅は、やがて稲扱千刃そのものの衰退で幕を閉じたが、残された記録からは、単なる物売りではない、情報と文化の担い手としての商人たちの姿が浮かび上がってくるのである。

閖上のおなごいさば

宮城県名取市の閖上《ゆりあげ》は、名取川河口に開けた古い港町である。「閖上」と書かれるようになるのは江戸時代以降のことで、かつては「淘上」といった。養老三（七一九）年、海岸に流れ着いた十一面観音を川上の高舘山にまつったことから、こう呼ばれるようになったと伝えられている。高舘山には那智権現があり、ここの観音様がそのときの仏像とされていて、真偽のほどは定かでないが、海で結ばれた熊野と東北との交流を思わせる。

平成二三年三月一一日、東日本大震災による津波で、閖上の一帯は甚大な被害を蒙った。死者・行方不明者合わせて八四五人、大規模半壊を含む建物全壊が約三〇〇〇棟。商店や住居が立ち並ぶ賑やかな街並みが、更地同然になってしまうほど壊滅的であった。

この日、私は高知県にいたのだが、地震を知ってつけたテレビに映し出されたのは、黒々とした波に塗りつぶされていく仙台空港と、そこを流れる小型飛行機だった。現実とは思えない光景に、足元が崩れ落ちるような恐怖を覚えた。閖上は、仙台空港から北に二〜三キロ。長い海岸線が続くこのあたりは、入りくんだ三陸沿岸とは違って、過去の津波でもさほど大きな被害は受けていない。まさかこんなことが起きるなど予想もしていなかった、とは、あとで聞いた話である。

閖上港の近くで開催されていた朝市が、震災後まもなく場所を変えて復活したということを、あるとき偶然耳にした。さらにはその後、もともと開催されていた港の近くに戻って再開したと聞き、行ってみることにした。平成二七年五月末のことである。

震災後、閖上地区の大半は災害危険区域に指定されている。つまりは人が住むことはできないため、バスなどの公共交通機関も通じていない。さすがに歩くには遠く、JR名取駅で自転車を借り、海岸方向へとまっすぐに伸びた一本道をこぎだした。

駅前を通り抜け、田植えの終わった水田を左右に見ながら進む。ほどなく、田んぼや家が途絶えた。そのあたりから、道が急にガタガタになった。ハンドルをしっかりにぎっていないと、タイヤをとられてしまいそうだ。荒涼とした原野のような光景が広がっている。木陰ひとつなく、初夏の直射日光がじりじりと照りつける。駅を出発してからおよそ三〇分、道の脇に傾いた看板を見つけた。閖上商店街の案内板だった。何もないこの場所が中心市街だったとは、とうてい信じられない。前方に、震災前から閖上のシンボルだった日和山が見えた。大正九（一九二〇）年に地元の人たちによって作られた六メートルほどの人造山で、山頂には富主姫《とみぬしひめ》神社と、震災で社殿を失った閖上湊神社とがまつられている。かつては漁師がここから沖の天候を確かめ、大漁を期したというが、今ではこの近くの慰霊碑とともに鎮魂の場所となっている。

その日和山から南に三〇〇メートルほど下ったところに、平成二五年に再建された、ゆりあげ港朝市会場がある。縁あってカナダ政府から寄付されたという木造の建物は、被災地の中では、仮設でなく新設の商業施設として最初に営業を開始した場所ともなった。

ゆりあげ港朝市協同組合代表理事の櫻井広行《こういち》さん（昭和二九年生まれ）に朝市再興のいきさつをうかがうと、そもそもの朝市の始まりを、こう教えてくれた。

「朝市は、今から四〇年くらい前、魚市場の隣で四軒から始まった。背負子《しょいこ》のおばちゃんたちがいたから、その人たちが買って仙台に売りに行く。背負子のおばちゃんは、三〇年か四〇年前にはまだいたんです。最後まで何人かいたなあ。（震災の日）白石まで売りに行って助かったおばちゃんもいたよ」

「背負子のおばちゃん」とは、魚を背負って行商に出る女の人たちのこと。閖上の朝市は、行商人相手の卸売りからスタートしたというのだ。地元の魚屋二店と八百屋、豆腐屋の計四店に始まって、次第に数十店へと増え、昭和六〇年には任意の組合を設立。平成一二年には法人化して、組合員数六〇名ほどの「ゆりあげ港朝市協同組合」となった。当初は商売人相手の卸売りが中心だったが、店数が増えるに従って、近隣の住民が買いに来るようになり、日曜日の朝の風物詩となっていた。

櫻井さんがいう「背負子のおばちゃん」は、このあたりで古くから「いさば（五十集）」とよばれていた。ほとんどが女の人なので、「おなごいさば」ともよんだらしい。いさばは、江戸時代には魚問屋や仲買商人をさす言葉として広く使われていた。東北各地では、今でもこれが魚行商人の呼び名として残っている。

閖上の沿岸は、長い砂浜と遠浅の海が特徴的である。ヒラメやカレイなどの好棲息地であり、明治から大正にかけて、小型の櫓船を使った巻網漁や浮繰網漁が行われていた。焼カレイはここの名産で、漁師の女房たちがいさばとなって、仙台方面へ売りに行ったという（『閖上風土記』）。

閖上のおなごいさばたち（『むかしの写真集 閖上』より）

大正年間に動力船が登場し、昭和の初めにかけて底曳漁が盛んになったが、終戦直後をピークに漁獲は徐々に減少。一方で、昭和三〇〜四〇年代には、いさば衆はまだ大勢いたので、この人たちの荷を補充するため、朝市が開催されるようになったというのは、さきの櫻井さんの話のとおりである。

いさば衆の古い写真が、『むかしの写真集　閖上』に収録されている。揃いの着物に頬被り、前掛け姿のいさば衆が一〇人並んだ写真は、慰問用に兵士に送られたという戦前のもの。裾の短い着物から見える足元は、脚絆に地下足袋である。

橋の上を行く後姿の三人は、昭和三一年のある早朝のひとこま。両端の二人が背負う円錐形の大きな竹籠は、ここで古くから使われてきたボテザルとよばれる荷笊《ざる》で、真ん中の人が背負っているのは、戦後から一般的になった四角い荷笊。内側にブリキ製のカンがはめこまれているという。

ブリキカンを使った魚行商は、戦後の復興期以降、全国的に盛んとなった。鮮魚を多く売りに行くようになったことや、保健衛生管理の法整備がなされるなどしたことで、それまで竹製の籠や笊が主だった運搬道具が、ブリキカンへと変わったのである。携わるのはほとんどが女性で、集団で列車やバスを利用して行くことから、「カンカン部隊」や「ガンガン部隊」などとよばれる。最盛期は、昭和三〇年代から四〇年代のころ。高度経済成長期の当時、食習慣を含む日本人の生活文化が大きく変わった。本来は特別な日の特別な食べ物だった魚が日常的に食されるようになるのも、このころである。

荷笊を背負ったおなごいさば（『むかしの写真集 閖上』より）

戦後まもないころには、三〇〇人ほどのいさばがいたという閖上。その人たちの誰かと、会うことはできないだろうか。櫻井さんによれば、震災当時まだ、これに携わっていた人が確かにいたという。だが、閖上の人たちは今、ここに住んではいない。

「行商をやっていた人をご存じでしたら、教えていただけないでしょうか？」恐る恐るたずねると、すぐさま朝市スタッフの若山陽子さんが「心当たりがある」と調べてくださった。仮設住宅に住む人たちの支援に行った折に、会った記憶があるという。方々へ問い合わせの電話をかけ、名前と住所を書いたメモを渡してくれた。

魚売りのはなちゃん

翌日、ＪＲ名取駅からタクシーで一〇分ほどの仮設住宅に、元いさばの松本はな子さんを訪ねた。前日にお願いして急に決まった訪問だったにもかかわらず、昔からのできごとを思い出しながら書いたというメモを手に、愛嬌たっぷりの笑顔で迎えてくださった。

はな子さんは、昭和二（一九二七）年、閖上の農家に生まれた。初めて魚を売りに行ったのは、結婚前の昭和二〇年ごろ。終戦後、まだ統制経済が続いていた時代のことである。当時、閖上ではどんな家でも魚売りに携わっていた。「貧乏、金持ち、関係ないの。閖上のならいだから」とはな子さんはいう。

一斗缶にイシガレイを入れて、風呂敷で包み、仙台まで背負って行った。「アネッコー、どこから来たんだーってさ。（一斗缶を）風呂敷さ包んで、木町（仙台市青葉区）歩ったんだわな」。最初に訪ねたのは、仙台の法務局近くにあった大きな旅館。ためしに入ってみると、こころよく買ってくれた。以来、そこは大切な得意先となり、その後何十年にわたってたびたび足を運ぶことになる。

一斗缶は背負いにくくてたいへんだったが、何年か後には、竹製の四角い背負い籠に変わった。ブリキ製のガンガラを中に入れ、蓋をして、籠ごとすっぽりと袋で覆う。籠の持ち手につけた紐を肩の前にまわして背負う。背負いやすいように、紐は布でくるんで幅広にしてある。もんぺにうわっぱりを着て、前掛けをし、紐のついた巾着を脇にはさむ。お金はこの巾着に入れるのである。足元は、初めのうちはハダシタビ（地下足袋）。そのうちズックを履くようになった。籠を覆う袋や紐をくるむ布、商売に着ていく服などは、全部自分で縫った。娘時代に裁縫を習っていたので、針仕事は得意だった。

昭和二四年に、船大工の昭一さん（昭和四年生まれ）と結婚。昭一さんは南相馬（福島県）の出身で、閖上の船大工のもとに弟子入りしていた。沿岸漁が盛んだったころで、木造船の注文も多かった。昭一さん自身も弟子を三人とり、北海道・高知・横須賀・静岡などへ出稼ぎに行ったこともある。閖上で最後の船大工のひとりで、震災前までは修理を頼まれることもあった。結婚して新たに構えた所帯だから、まさにゼロからのスタート。二人で懸命に働いた。

「（夕方）五時か六時に船来《く》っと、サイレン鳴るの。ぼーん、って。このあたり、カレイがたくさんとれたからね。うんと昔は、市場の人が、カラーン、カラーン、って風鈴（鐘）鳴らして、船が何べえ（杯）へえった、って知らせて回る。

夕方、問屋《とや》でカレイ買って、串さ刺して、炉端で二時間か三時間焼く。夜の九時ころまでに焼き終わって、ちょっと寝て、三時くらいに起きる。長町（仙台市太白区）まで背負って歩って行ったの。（長町までは）川沿いにずっと。昔は暗かったんだよ。六人くらいでぞろぞろいっしょに行く。長町に電車（市電）通ってたから、六時が一番早いんだっちゃ。長町まで三時間歩いて、朝一番の電車に乗る」

長町から仙台の中心部に向かう市電に乗り、終点の大学病院前まで行って、そこから木町通、八幡町、北山、宮町、上杉山通など（いずれも仙台市青葉区）、日によって行く方向を変えながら、得意先をまわった。昭和四〇年代には、閖上から仙台方面に行くバスが出るようになった。朝一番のバスには、大勢のいさばと、通勤通学の人たちも乗り合わせる。籠もたくさん乗せるので、「重ねろー」と運転手にいわれる。いさばと、学生と、魚がいっしょに乗ったバス。閖上ならではの光景だった。

戦後になって魚売りを始めたはな子さんは、市電を乗り継いで仙台まで行ったが、それ以前には、全行程が徒歩という時代もあったようだ。いくつかの聞き書きの中に残された当時の回想を総合すると、その道のりはおおよそ共通している。

まず名取川の土手に出て、「あんどん松」とよばれるクロマツ並木の道を行く。暗がりのなかで提灯を下げて行くことからついた名か、あるいは、港に帰ってくる船が目印にしたことからこうよばれるようになったともいう。広瀬川が合流する落合（仙台市太白区）まで遡ったところに渡し船があり、対岸の日辺《にっぺ》（仙台市若林区）に渡ると、そこから今度は広瀬川に沿うように街道を進む。閖上と仙台とを結ぶこの道は、古くは御城下道といった。藩政期に仙台城下へ魚を運ぶ道だったのだろう。閖上の焼カレイは、そのころから名産として知られていた。

はな子さんによると、焼カレイは四~五枚を横にならべて藁縄で繋ぐ。これを一リンといい、頭の側と尾の側を交互に重ねて籠に入れる。焼カレイは壊れやすく、壊れると値段も下がるので、丁寧に入れる。一〇リンで籠がいっぱいになり、あと五リンは手で下げて行く。生の魚は重く、さほど持っては行かれない。カレイやハモは焼き、カニやタコはゆでる。手間はかかるが、そうすることで商品価値も上がり、荷も軽くなるのである。

昭和五〇年代の終りには、カニやエビがたくさんとれた。市場がカニだらけになったこともあり、はな子さんも一度に一〇〇匹くらいを仕入れた。三〇匹でちょうど籠ひとつなので、二回仙台を往復した。

市場の仕入れは、競《せ》りである。保証金二万円を払って権利をもらい、競りに参加する。競り人が符丁で値段を言うので、希望の値段になったところで手を挙げる。競り人の声も大きいが、こちらも大声を出さなければほかの商人に負けてしまう。たいていが箱単位で買うので、大量に仕入れて仲間数人で分けることもあった。

得意先は、最初にたずねた旅館のほか、お医者さんの家や学校の先生、商店など。お得意さんが一〇年ほど前に撮ったという写真を、長男の悦雄さんが持ってきてくださった。

「津波で流されたのを、近所の人が偶然拾って届けてくれたんです」

籠を背負った、笑顔のはな子さんが写っている。

「魚売り、おもしろかった。楽しいんだよ、いろいろ話して。いつもニコニコ顔だった」とはな子さん。

震災当日は家にいた。たまたま帰省していた孫が、一階にいたはな子さん夫婦を二階に誘導して、危うく難を逃れた。幸い家は流されずにすんだが、一階部分は浸水し、瓦礫でめちゃくちゃになった。

行商には、その津波が来る二日前まで出ていた。

「わたし、今でも魚売りできんだけど、背負い籠ないから売らんねえの。(籠が)どこでも売ってねえの」と悔しそうだ。

行商姿のはな子さん(平成16年、松本はな子さん蔵)

長年のお得意さんだった仙台の旅館は、廃業して別の建物になったのだが、そこの奥さんとはずっとつきあいが続いていた。

「魚売りのはなちゃん、っていえばわかる」

お得意さんのところを訪ねるときに、どう声をかけるのか聞くと、すっと表情がひきしまった。

「こんにちはー、さかな、よがすかー(い

かがですか?)」

お腹の底から響くような、それまでの話し方とは全く違う声質に、はっとさせられた。メロディーこそないけれども、歌の節回しのようだった。

翌日、はな子さんの得意先があったという仙台市内の八幡町界隈を歩いてみた。元旅館の建物を探すつもりだったが、土地勘もなくよくわからない。三差路に、「洋菓子とパンの店　ブルボン」という趣ある黄色の看板をみつけ、中に入った。

ご夫婦でやっておられる小さな店で、お昼時のショーケースにはいろいろなパンやケーキが並んでいる。そのうちの三つほどを買い求めながら、奥さんにたずねた。旅館のことはご存じなかったが、閖上から魚を売りに来るおばさんが確かにいたという。

「うちでも、焼カレイを買ったことありますよ。名前は聞かなかったけど、いつも同じおばちゃんだったから、きっとその人だわ。そう、お元気でしたか、よかったよかった」

津波のあと、姿を見なくなったので、気になっていたのだそうだ。

「この前の道は、昔、市電が通っていたんですよ」と、店の壁に掛けてある古い写真を見せてくれた。道路の交わり方が何やら不自然だと感じていたので、大いに納得した。

そういえば、はな子さんも市電を乗り継いで、仙台まで来たと言っていた。ちょうどここは通り道だったわけだ。

元旅館の所在は結局わからずじまいだったが、はな子さんの足跡は、震災後の仙台の町に確かに残っていた。

竹野のカンカン部隊

閑上のおなごいさばたちが活躍していた昭和三〇年代から四〇年代は、全国的にも魚行商が盛んだった時代だ。とりわけ、ブリキカンを担いで列車に乗り込む「カンカン部隊」の姿は、どの地域にあっても、懐かしい情景として土地の人の記憶に刻まれている。

日本海沿岸の山陰本線も、そうした「カンカン部隊」で賑わった路線のひとつである。

鉄道を使う行商人は、多くが組合を作っている。昭和三〇年代半ば、この地域を管轄する米子鉄道管理局が掌握していた組合は二一。組合員の総数は三八一四人だったことが記録に見える(『米子鉄道管理局史』)。ちょうど一般乗客の数も増えつつあった時期であり、大きな荷物を持った行商人との間で、しばしば混雑による摩擦が生じるようになっていた。米子鉄道管理局では、組合に対して規約を定め、乗り降りに関する留意事項や、持ち込む荷物の指導を行うなどして対処した。

鳥取県中部の泊《とまり》(湯梨浜町)は、かつて県内でも有数の水揚げを誇った漁師町である。江戸時代には舟番所が置かれ、また伯耆《ほうき》街道の宿場でもあり、海陸の交通の要所だった。漁港周辺には魚問屋もあって、戦前から戦後にかけて、近郷近在へ魚を売りに行く行商が盛んだった。

泊の行商人の多くは、二〇キロほど離れた倉吉の町場に売りに行っていた。山陰本線の泊駅か

上井駅裏付近の行商人（昭和30年代、倉吉市・米原季雄氏撮影）

ら汽車に乗り、二駅先の上井《あげい》駅（現在の倉吉駅）で降りる。そこからさらに軽便鉄道の倉吉線に乗り換えて、岡山県境に近い山間地にまで足を延ばす人もいた。上井駅近くには、そうした行商人のための市場があり、とくに冬場の漁閑期には、そこで荷を補充して売りに行った。

数年前、泊の行商人の足跡を追っていたとき、昔の倉吉界隈の写真を収録した本を何気なく見ていて、一枚の写真に目が釘付けになった。

大きなカンを背負った二人の女性。カンカン部隊に間違いない。前を行く人の背中には二つのカン。そのカンに堂々とした文字で「竹野　増田千代」と書かれている。

この写真を撮影したのは、倉吉市内で写真館を営む米原季雄さん（大正一三年生まれ）。昭和三〇年代に、上井駅近くで撮ったという。上井駅の裏には、かつて製材所があった。背後にそれが写っている。

竹野というのは、どこなのだろう。どうやら鳥取県内ではなさそうだ。地図を広げ、山陰本線沿線に目を走らせた。竹野駅は、東の県境を越えた兵庫県にあった。城崎の近く。倉吉までは一〇〇キロ以上ある。こんな遠くから、本当に来ていたのだろうか。

半信半疑で、「増田千代」さんを捜しに竹野へと足を運んだ。平成二七年の夏のことである。

兵庫県北部は、旧国名でいえば但馬国。この但馬の西側は、起伏の激しい山々が連なる難所である。積雪期の峠道は、通行にも困難を極めたといい、それがため、山陰から畿内へと行く旧道は、おのずと中国山地を越えて山陽側へと出るルートが発達することになったのである。

明治の末に山陰本線が開通したことで、ようやく山陰地方を東西に結ぶ幹線ができた。道路が整備された現代では、自動車で自在に往復できる。鳥取でレンタカーを借り、海沿いの道を東に向かった。

長い砂浜が続く鳥取から県境のトンネルを越えると、入り組んだリアス式の海岸線に変わった。数年前に新しく架け替えられた余部《あまるべ》橋梁の下を通り、左に海を見ながら曲がりくねった道を進んだ先に、竹野の町はあった。

かつて北前船が出入りした、古い港町である。竹野川の河口から、猫崎半島という、ちょうど猫が背を丸めたような形の岬が突き出していて、その付け根の西側が港、東側は砂浜。夏休みに入ったばかりの日曜日とあって、海水浴客で賑わっていた。

いささか目論見《もくろみ》がはずれたのは、竹野が思いのほか大きな町だったことだ。「増田千代」というフルネームが判明しているのだから、小さい町ならすぐわかるはずである。案の定、駅前や資料館などで写真のコピーを見せながらたずねたが、どこでも首を横に振られてしまった。

昼過ぎに着いてから、三時間ほどうろついたことになる。真夏の日差しはようやく傾きかけてきたが、汗だくで歩き回ったのと、目的が果たせそうもない失望とで、急に足が重くなった。いったん涼をとってから帰ろうと、神社の前の喫茶店に入った。

アイスコーヒーを頼み、店の女性に写真を見せた。昭和三〇年代のことを聞くには若すぎると思ったが、意外にも、食い入るように写真を見ながら、何やら考え込んでいる。

「後ろにいる人、見たことがあるような……。確か、西岡さんのおばあさんでないだろうか」

増田千代さんの後ろを歩く女性の顔に、おぼろげながら記憶があるという。

「親戚のおばちゃんに、まだ行商をやっとられる方がいるんです。その人ならわかるかも」

たまたま入った喫茶店で手がかりを得たのも驚きだったが、まだ現役の行商人がいるというのはさらなる驚きだった。

教えられた魚崎はまゑさんの家は、そこから歩いてすぐのところにあった。はまゑさんが玄関先に出てこられ、写真を見るや、ああ、というように大きくうなずいた。

「今から競りがあるから、ちょっと待って」

漁港でこれから競りが始まるのだという。つい先ほどサイレンが鳴っていたのは、その合図だったのだ。

長靴をはき、台車を押して港へ急ぐはまゑさん。そのあとをついて行く。漁協の市場にはすでに十数人の男たちがいて、床に並んだ発泡スチロールのトロバコを品定めしている。この日の荷は、白イカ、サザエ、アジなど。はまゑさんもそれらをひととおり確かめて、男たちの輪に入っていった。

競り人が、しゃがれた声で符丁を読み上げる。早すぎて、何を言っているのかさっぱりわからない。ところどころで、仕入れ人たちが手を挙げ、指を二本、三本と立てて値段を競っている。はまゑさんも、果敢に手を挙げる。女性で競りに参加しているのは、はまゑさんともう一人だけだ。この日はどうやら、お目当ての品物を競り落とすことができなかったらしい。別の商売人から白イカ一箱を分けてもらって帰路についた。

自宅横の倉庫に運んだ白イカを、冷蔵庫にしまう。その冷蔵庫から缶ジュースを出し、私にもくれた。競りが終われば、一日の仕事におおよその目途がつくのだろう。コンテナに腰掛け、一服する。

競りに参加するはまゑさん（平成27年7月26日撮影）

はまゑさん（昭和三年生まれ）の実家は、カマボコなどを作る加工業を営んでいた。五人姉妹の長女で、母親が城崎で行商をしていたので、竹野駅までリヤカーをひいて手伝った。朝五時一五分発の汽車に間に合うように、四時ごろに起きて、四時半には駅に着く。当時は竹野にたくさんの行商人がいて、汽車にも専用の車両があるほどだった。その人たちにちくわやかまぼこを売ったりもした。

四〇歳くらいのとき、母親が足の上に氷を落とし、商売ができなくなったので、跡を継いだ。城崎は、竹野から山陰本線でひとつ先の駅。有名な温泉街だ。以前は城崎駅近くに預けたリヤカーで売り歩いていたが、そのリヤカーが壊れてしまい、今は小さな倉庫を借りている。

竹野の港町から駅までは、けっこうな距離がある。最近では、朝は豊岡方面に出勤する息子の車に乗せてもらい、昼ごろに商売を終えて、帰りは汽車で帰ってくる。市場が休みの日以外は、毎日行っているという。

「さて」とはまゑさんが立ち上がった。増田千代さんの家に案内してくれるようだ。

竹野の町並みは、竹野川を挟んだ東西に開けている。増田さんの家は、橋を渡った対岸にあった。

はまゑさんと増田さんの家のおばあさんとは同級生で、千代さんは、そのおばあさんの姑にあたる。三世代でお住まいの立派な家で、千代さんの孫にあたるご主人と奥さん、そしておばあさんとに写真を見せた。少し陰になっているが、この横顔は間違いなく千代さんだという。昭和四〇年代の終わり、八〇歳くらいまで商売に出ていた。

「養父《やぶ》や和田山のあたりにお得意があったようです」とご主人。拠点としていたのは、山陰本線の八鹿《ようか》駅（兵庫県養父市八鹿町）だった。

日本海沿岸を東進してきた山陰本線は、竹野のあたりで海から離れ、京都に向けて南へ進路をとる。八鹿は竹野から七駅目。山並みが迫るようなところだ。運ばれてくる魚を待つ人がさぞや大勢いたことだろう。

ただし、鳥取方面とはまるで逆方向である。倉吉に行かれたことはなかったのだろうか。

「くらしき（倉敷）？」

ここの人たちにとっては、倉吉という土地そのものに、まるで馴染みがないらしい。

「そんなところまで行ってたんですか。大きなカンを二つも背負って……」

しみじみと写真を見つめるご主人。おばあさんとの思いがけない再会をかみしめているかのようだった。

増田家を辞し、はまゑさんといっしょに来た道を戻った。

夏の日は長く、海風が心地よい。橋の上から港のほうを眺めると、西日に照らされた両岸の家並みが、川面に影を映していた。

翌朝、城崎にあるはまゑさんの店を訪ねた。

線路沿いの道と大通りとの間に細い路地があり、そこに半日いるという。聞いたとおりに歩くと、はまゑさんの店はすぐ見つかった。

間口二間ほどの長屋のような倉庫に、大型の冷蔵庫が二台。流しにはまな板と包丁。テレビや電話なども置かれている。

「はまちゃん、今日は何かある？」

ひょっこりと、お客さんが現れた。旅館の板場さんだ。ちょうど旅館街の裏にあるので、よく注文にくるらしい。その注文を聞いて、はまゑさんが豊岡の魚市場に電話をかける。年季の入った、愛用のそろばん。左右の枠が外れていて、両端を紐でくくってある。なんと、小学校三年生から使っているものだそうだ。五つ玉というのがこのごろ手に入りにくく、これが一番使いやすいという。

棚の上から、箱を取り出し見せてくれた。押し花や押し葉がたくさん入っている。

「リヤカーひいてるとき、きれいな落ち葉や花を見つけると拾って作った」

箱の中のひとつひとつが、はまゑさんが歩いてきた、行商の長い道のりに思えてくる。ときおりこうやって眺めては、その足跡を振り返っているのだろうか。

しばらく手に取ったあと、愛しそうに箱に戻し、再び棚の上にしまった。宝物のようだった。

それから半年ほどたった平成二八年二月、一通の手紙を受け取った。差出人は、舩野美枝《ふなのよしえ》さん。住所は兵庫県豊岡市竹野とある。

件《くだん》の写真の中で、増田千代さんの後を歩く女性、西岡八重乃さんの娘さんからだった。

写真のことを教えてくれる人があり、驚いたのだそうだ。手紙には、働き者だったお母さんの思い出が綴られていた。

八重乃さんは、千代さんと同じ八鹿に得意先を持っていて、朝五時の汽車に乗って魚を売りに行っていた。竹野より、八鹿の町のほうが詳しいくらいだった。家は河口近くの川岸にあり、夜は夫といっしょに行商人に売るためのカニを茹でたりもしていた。八〇歳を過ぎるまで行商に出て、一八年ほど前に九三歳で亡くなったという。

「母の匂いは、なまぐさい魚の匂いでした」

この文面に誘われて、竹野再訪を決めた。

五月、船野美枝さんの家を訪ねた。美枝さんは昭和七（一九三二）年生まれ。どことなく、写真の八重乃さんの面影がある。同級生の仲才《なかざい》久枝さんといっしょに、昔の話を聞かせてくださった。

「夏になったら、盆踊りがあって、こんな恰好で踊るんです」

カンを背負った写真を見ながらおっしゃる。夜中じゅう、ゲタ一足つぶしてしまうくらいに踊って、行商の人たちは明け方そのまま商売に行ったものだという。

今では漁師が少なくなったが、かつて竹野の沖では、フグ、アオリイカ、タラ、サバなどがたくさんとれた。焼サバはこのあたりの名産で、腹を割り、竹串に刺して炉端で焼く。ここから少し西に行った、鳥取県境に近い香住《かすみ》や柴山（いずれも兵庫県美方郡香美町）の行商人たちが、汽車の中でたくさん買う。汽車には行商人専用の車両があった。座席がない貨物列車のような車両で、そこに大勢が乗っていた。

港には、大型の底引き船も五杯くらいあって、冬になるとカニがよくとれた。

「竹野は港が小さいけえ、一泊くらいで船が帰ってくる。それで生きがええので、竹野のカニっていって、有名だった」

昭和三〇年代のことだ。ちょうど、写真の時代と重なる。

八重乃さんが倉吉に行ったかどうか、聞いてみた。「考えられない」と美枝さんはいう。確かに、竹野でこれまで話を聞いた限りでは、下りの鳥取方面よりも、上りの豊岡・京都方面への指向性がはるかに強い。鳥取さえもほとんど縁がないのに、その先の倉吉など論外だというのもうなずける。

かといって、写真を撮影した米原さんの記憶違いとも思えない。分厚い写真帖を見せてもらったことがあるが、被写体のほとんどは鳥取県中部地方。自宅のある倉吉とその周辺ばかりなのだ。米原さんが県境を越えて八鹿あたりまで撮影に来た可能性と、千代さん、八重乃さんが倉吉まで行った可能性のどちらが強いか、考えてみた。

そこで思い出したのは、倉吉に近い泊の魚アキンド伊藤増子さん（大正一四年生まれ）から聞いた話である。増子さんは、泊の漁港で仕入れた魚に、倉吉の市場で仕入れた品物を加えて、西倉吉のほうへ売りに行っていた。汽車の中で他の行商人から仕入れることもあり、とくに地元の荷が少なくなる冬場は、兵庫県方面からやってきた行商人から、焼サバやヘシコ、茹でたカニなどを分けてもらったという。これらの品物は東部一帯に特有のもので、泊の周辺では手に入らない。冬になると、毎年決まった人が「また今年も頼むでな」といってやってきたのだという。

おそらく、千代さんや八重乃さんは、こうした倉吉での需要を、つきあいのあった香住あたりの行商人から聞いていたのではあるまいか。さほど頻繁に行ったとは思えないが、たまたま大量に仕入れる機会があり、売れるなら行ってみようと考えたとしても不思議ではない。「竹野のカニ」は商品価値も高く、よい値で売れたことだろう。カンに書かれた「竹野　増田千代」の文字は、いわば看板でもあったことになる。

まさかこんなところまで、と思う場所であっても、そこに稼ぎがある限り、行くのがむしろ道理なのだ。現代は通信網が発達し、遠く離れた外国のニュースも瞬時に知ることができるようになった。あたかも世界が広がったかのように感じるが、それはもしかしたら錯覚で、逆に行動範囲を狭めている場合もある。自らの足で動くしか方法がなかった時代の人たちは、現代の我々が思うよりずっと行動的で、冒険心にも富んでいた。

船野美枝さんの家にも、ブリキカンが保管されていた。

行商には携わってこられなかったそうで、同じようなカンはどこの家にもあるという。

「船に乗る人が、ネヨウを持って帰るとき、これに入れるんです」

ネヨウというのは、自分の家で食べるぶんの魚のこと。つまりは分け魚である。

古い時代の行商は、漁師が家に持ち帰った分け魚を売ることから始まったということを、別の場所で聞いたことがある。カンが行商に使われるようになるのも、そうしたいわれと関係しているのかもしれない。

聞けば、竹野では戦前からブリキカンがどこの家にもあったという。ほかの地域では、戦後の復興期以降に普及したところが多いが、竹野ではずいぶん早くから定着していたことになる。それだけに、行商の先進地でもあったのだろう。

竹野川の河口に突き出した猫崎半島。岬先端のこんもりとした山を、土地ではカシマとよぶ。

「汽車からカシマが見えたら、帰ってきた、って思う。大事な山だわ」

美枝さんと、同級生の久枝さんが口を揃えていう。

この猫崎半島のおかげで、竹野は北前船の風待ち港として栄えた。富山のほうから出漁に来た人が住み着いたり、九州からやってきた人もいると聞く。海を介した人の動きは、陸《おか》よりはるかにダイナミックだ。それを思えば、倉吉など、ほんのすぐそこである。

帰りがけ、魚崎はまゑさんの家に寄ってみたが留守だった。まだ城崎から戻っていないようだ。次は冬に来てみよう。カニがたくさんとれたころの賑わいを、もっと聞かせてもらえるかもしれない。

海沿いの道を、鳥取方面へとハンドルをきる。しばらくはカシマの山が見え隠れしていたが、いくつかカーブを曲がると、もうすっかり見えなくなった。

大根島の花売りさん

大根島《だいこんじま》という、一度聞いたら忘れられない島の名を初めて耳にしたのは、平成二三年の七月。

鳥取県米子市の商店で、行商人の聞き取りをしていたときである。

商人の町、米子には、近郷近在からさまざまな人がやってくる。米子で一番の繁華街にあるこの店にも、かつては県境を越えた勝山（岡山県）や、隠岐島《おきのしま》（島根県）などからお客さんが来ていた。そうした人が集まる場所には、行商人も足を運ぶ。

「大根島から花を売りに来るおばあさんが、今でもおりますよ。オイコ（背負い籠）に花を入れて、月に二回ほど」

店の奥さんに教えられ、地図を広げた。

米子は、鳥取県の西の端、弓浜半島の付け根に位置している。その弓浜半島と、島根半島とに囲まれた中海の真ん中に、大根島はあった。現在は橋ができて陸続きになっているが、昭和五〇年代半ばまでは、対岸と船で行き来していた。松江や米子へは合同汽船の定期便があり、以前は大勢の花売りさんたちが来ていたという。

大根島と花。この組み合わせが頭から離れず、およそ三カ月後の一〇月、島を訪ねた。

中海は、鳥取県と島根県の県境にある汽水湖である。大根島と、隣接する江島は、行政区分でいえば島根県松江市八束町《やつか》。鳥取県側の境港から急勾配の江島大橋を上がると、頂上あたりに県境がある。そこから眼下に島を見ながら坂道を下る。平べったい、お皿を伏せたような島が、波ひとつない中海に浮かんでいる。

大根島という名前の由来には、いくつかの説がある。『出雲国風土記』にある「蜛蝫《たこ》島」からの転訛であるとか、島の古名である「たくしま」の俗称だとか、大根の名産地だったからなどさまざまだが、本当のところはよくわからない。ただし、戦国時代末期にはすでにこの呼称が使われていて、集落もそのころにはできていた。中海に面した沿岸に、集落が七つ。そのうち五つには湧水があるという。島の地中には、淡水レンズとよばれる地下水があり、それが湧き出るところにおのずと人が住むようになったのだろう。

今は陸続きとなった江島から大根島に渡ると、丁寧に耕作されたなだらかな傾斜地のところどころに、背の低い、特徴ある小屋のような構造物が並んでいる。大根島は江戸時代から薬用人参の産地で、松江藩の御手畑があった。往時より少なくはなったものの、まだ伝統的な方法で栽培されているのである。

紹介された門脇貞子さん（昭和一四年生まれ）の家は、島の南岸の波入《はにゅう》という地区にあった。つやつやした頬とはじけるような笑顔の持ち主で、牡丹《ぼたん》苗の植え付けをする一年で一番手間のかかる時期だというのに、ご主人の慎一さんと、忙しい畑仕事の合間をぬって迎えてくださった。

貞子さんは、松江へ花を売りに行くようになって三五年以上になるという。今は、五人くらいの仲間で車を乗り合わせて行くが、架橋前は合同汽船を使っていた。売りに行くのは通年。ただし、真夏と、年末から二月にかけての寒い時期は除く。日帰りの行商である。

行商には、慎一さんの母親の代から携わっていた。お母さんがよく行っていたのは、山口県のほうだったという。

「ここらの人たちは、日本中歩いてたんだわね。鹿児島から北海道まで」

これには驚いた。てっきり、米子や松江などの対岸方面が行先だとばかり思っていた。貞子さんの場合は、農作業と家事との兼ね合いで、日帰りできる松江を行先に選んだが、多くは全国規模で動いていたというのだ。島の一二〇〇軒中、八〇〇人ほどが行商に従事していたというから、ほとんどの家が携わっていたということになる。

大根島は、六平方キロメートルほどの島内に、明治以降は常に五〇〇〇人程度の人口を擁するという、全国的に見ても高い人口密度が特徴の島である。耕地率は六五パーセント（大根島と江島を合わせた一九五〇年代半ばの統計による）だが、水田はそのうち一割にも満たない。宅地以外はほとんどが畑である。山もないので、米と、薪や炭などの燃料を島外から買わなければならなかった。現金収入を得るためのなりわいが盛んになるのは当然なのである。

その畑で育てていた換金作物のうち、商品価値がきわめて高かったのが薬用人参である。藩政期に松江藩の御手畑があったことは先述したとおりだが、明治以降は民営化され、日清戦争の前あたりが生産のピークだった。その後いったん下火になったものの、昭和の戦後になって再び相場が上がり、増産されるようになった。

薬用人参は、成長するまでに六年ほどかかる。しかも連作がきかない。毎年場所を変えて植えなければならないので、栽培農家はある程度の面積の畑を持っている家に限られる。だが、なにぶんにも、植えてから現金収入になるまでの時間が長い。そのため、畑の栽培ローテーションに、

波入の港にて。花売りに行く門脇トクさん（左）と門脇貞子さん（右）（昭和55年、門脇貞子さん蔵）

薬用人参とは別の換金作物を組み込む必要が出てくる。

　そこで登場したのが、牡丹の栽培だった。大根島で牡丹の栽培が始まったのは、やはり江戸時代にさかのぼる。島内の寺の住職が、秋葉山（静岡県）から薬用として持ち帰ったのが最初だと伝えられている。灌水《かんすい》の必要がないことから、水利条件の悪い大根島に適していたようだ。農家が栽培するようになり、近代以降は品種改良も進んで、昭和戦前期には牡丹園も作られた。ただし、この時点ではまだ量産がきかない。戦後になって新しい接木の技術が開発され、量産できるようになった。昭和三〇年前後のことである。

　ちょうどそのころ、それまで薬用人参と並ぶ重要な現金収入手段だった養蚕が、急速に衰退した。入れ替わるように、牡丹栽培が盛んになっていく。と同時に、その苗を売り歩く行商が盛んになったのである。

　貞子さんが、アルバムを見せてくれた。

　昭和五五（一九八〇）年、合同汽船が廃止になる年に、港で写した写真。貞子さんともうひとりの女性が、籠を背負った姿で写っている。別の写真は、その少し前、合同汽船で和気あいあいと商売にでかける行商仲間。そして松江の街中を颯爽と歩く姿。背中の大きな荷物が重そうなのに、皆、はつらつとした笑顔で足取りも軽やかだ。こんな人たちに花を勧められたら、きっと買ってしまうに違いない。

架橋以前の大根島では、合同汽船以外にも、個人所有の小さな船で対岸各地と行き来していた。波のおだやかな中海は、行先が定まった道路とは違い、どの方向へも船を向けることができる。たとえば中海の西から大橋川を通り、宍道湖《しんじ》に出て、さらに運河を使って日本海側まで藻を取りに行ったという話も聞く。そうした自在な通行を助けたのが、焼玉エンジンを搭載した通称「ポンポン船」である。貞子さんのアルバムの写真にも、ポンポン船に乗った花売りさんらしき人影が見える。

畑の作業がまだ終わっていないというのに、ずいぶん長居してしまった。遠くまで行商に出かけた方をご存じないかたずねると、すぐ近所にお住まいの渡部タマエさんを教えてくれた。貞子さんとは、一緒に旅行にも行く仲だという。次に来るときには、タマエさんも呼んでくださるというので、再訪を約束して帰った。

牡丹苗を背負って全国へ

大根島への再訪がかなったのは、翌平成二四年二月の終わり。冬の長い山陰にも、ようやく春の兆しが見えるころであった。

貞子さんの家を訪ねると、約束どおり、渡部タマエさん（昭和五年生まれ）といっしょに待っていてくださった。タマエさんの出身は江島。二七歳のときにこちらにお嫁に来た。実家では、花の栽培や行商には携わっていなかった。

「おばさん（舅の姉）が商売やってた。赤貝を、米子のほうまで売りに行ってました」

こちらでいう赤貝とは、サルボウガイのこと。中海の特産として知られる貝である。

中海の真ん中に位置する大根島では、どの家でもたいてい小さな荷船や漁船を持っていて、漁業に携わっていた。半農半漁である。昭和三〇年代後半に本格化した干拓事業によって様変わりしたが、境水道を通して日本海の海水が出入りする汽水湖の中海は、かつては魚介類の宝庫だったのだ。ボラ、スズキ、ウナギ、メバル、クロダイ、ハゼ、シラウオ、エビなどが、産卵のため寄り集まってくる。中海一面に生えていた藻が、そうした魚たちの隠れ場になった。藻もまた、島の畑の肥料として使われていた。戦前までの中海の水は本当にきれいで、手ですくって飲めるほどだったという。

タマエさんがお嫁に来たころは、まだかろうじて中海の自然が保たれていた時代だった。二枚貝の赤貝は、「ヒラキの貝」とよばれて縁起がよく、出雲の周辺では正月に欠かせない食材として珍重されていた。昭和三〇年代に入るころから、生活排水などによる水質悪化で、中海に棲息する魚介類が減少し始める。赤貝も、昭和二五年ごろまではよくとれたが、次第に減ってきた。苦肉の策として、地元の事業家が稚貝を有明海に運び、養殖して成長させたのちに、再度仕入れるようなこともしていたという。ちょうど、タマエさんのおばさんが行商をしていたころのことである。

どうやら、この地域の人たちの行商は、中海の魚介類を近隣に売り歩くことから始まったようだ。それがどのような経緯で、花に変わったのだろう。

中海の干拓事業は、昭和二九（一九五四）年、島根県が策定した斐伊川《ひい》・宍道湖・中海総合開発計画によって具体化した。鳥取県でも同時期に、中海の埋め立てと弓浜半島の農業開発などの総合開発計画が策定されている。昭和三八（一九六三）年には国営中海土地改良事業がスタート。食糧増産と治水とが一体化した国家的大事業によって、中海が変わっていく。それ以前から、すでに水質悪化は始まっていて、漁獲が激減していた。地元の人たちは、絶望にも近いあきらめでもって、干拓事業を受け入れたようだ。結局、干拓事業そのものは、いくつかの堤防建設と部分的な干拓が実施されたものの、減反政策への転換や環境問題などにより、平成一二（二〇〇〇）年に中止が決定。干拓事業の象徴的建造物だった中浦水門が平成一七年に撤去され、代わりに江島大橋ができた。だが、かつての中海の自然が戻ることはない。

昭和三〇年代は、いろいろな変化が重なった時期だった。高度経済成長期の只中にあって、中海の汚染、養蚕の衰退などの深刻な事態に直面する島に登場した、花卉《かき》栽培という新たな産業。行商のスタイルはそのままに、商品を時代に合わせて変えていく。しなやかに、したたかに、その時代を生き抜く知恵が、島の人たちには備わっていたのだろう。

タマエさんが花の行商を始めたのは、子どもが乳離れした昭和三六（一九六一）年ごろ。

「お父さん（夫）がドカタをやめて帰ってきた。それで私が交代した」

人口密度が高い大根島では、男女問わず、戦前から出稼ぎに行く人が多かった。戦後、これらの出稼ぎ者の帰島でますます人口が増え、もはや飽和状態となって、昭和二七（一九五二）年ごろから再び出稼ぎ者が増加する。戦後の出稼ぎ者は多くが男性で、松江のほか、山陽や近畿方面を中心に土木作業などに従事した。

タマエさんの夫も、そうした出稼ぎ者のひとりだった。その夫と入れ替わるように、今度はタマエさんが行商に出るようになった。

「はじめに持って行ったのは、クサバナ。チョウメイギクとか、セキチク、アネモネ、チューリップ……。たくさん作って、株分けして。鉢から抜いて、根を新聞紙で包んで持ってく。背負って出よったけんね」

タマエさんの家では、畑を持っていない。鉢植えの小花を育てて、それを持って行った。当時は、まさに花売りの商売が盛んになってきたころだった。近所のおばさんが花売りで儲けて戻った、というような話が広まって、我も我もという感じで、こぞって行くようになったという。

「最初は、倉敷。合同汽船で松江まで行って、汽車で倉敷に行った。二晩泊った。駅の近くの商人宿。一五〇〇円か二〇〇〇円くらいだった。近所に、前から出られる人がおられよったけ、いっしょに。倉敷から帰って、二晩くらいは家にいて、準備と子どもの世話して、また行く。一週間に二回は行った。若いおねえちゃんだから、よく売れよった」

売りに行く先は、会社や事務所など。戦後復興も一段落し、景気も良くなってきて、食べることに精一杯だった時代からようやく抜け出したころである。花でも愛でようかという余裕が出る時期だったのだろう。島の若い奥さんたちが運んでくる花は、明るく元気な未来の象徴でもあった。

倉敷へは三〜四年通い、次に行ったのは長崎の諫早《いさはや》だった。実の姉妹たち三人ほどのグループで、松江から山陰本線の夜行に乗った。諫早でもやはり駅前の旅館を拠点に商売する。持ってきた荷が売れるまで、四〜五日くらい滞在した。

このころから、牡丹苗を荷に加えるようになった。クサバナと牡丹苗とでは、単価が三倍ほど違う。自宅で栽培できるクサバナと異なり、仕入れが必要だが、それでも大きな儲けになった。牡丹苗は、運搬にも便利だった。苗の長さは一五〜二〇センチほど。ミズゴケで根を包み、一つずつビニール袋に入れ、それを箱の中にいくつも重ねて持って行くことができる。

儲けがよくなれば、さらに遠くへと足を運ぶことができる。タマエさんの場合は、子どもが大きくなった四〇代くらいには、東京方面へと行くようになった。まず松江に出て、そこから夜行列車の出雲に乗って行った。姉妹三人と、姉の姑などを加えた五人のグループである。宿は横浜。駅前で安いところを探して見つけた。五人で一部屋を借り、一カ月くらい滞在した。

売りに行くときは、電車で両国あたりまで出て、そこからそれぞれ自分で見つけた目的地へと向かう。東京は電車の路線が発達しているので、乗り継いでいろいろなところへ行き、会社や事務所などを訪問した。

持ってきた荷がなくなると、夫がダンボールに牡丹苗をつめて、駅止めのチッキ（鉄道貨物便）で送ってくれる。牡丹苗だけでは季節が限られるので、盆栽や観葉植物なども持って行く。重いので鉢から抜いて、これもまたチッキで送る。背負い籠の中に牡丹苗を詰め、その上に盆栽などが入った箱を乗せて売り歩いた。

こうして遠方へ行くようになると、年間のサイクルができる。暮れから正月にかけて休んだ後、二月から三月半ばまでは横浜・東京。帰ってきて、五月初めから六月半ばは長野。塩尻に決まった宿があり、諏訪湖や松本の周辺に行った。真夏は休み、一〇月初めに再び横浜へ。一一月には帰ってくる。おおよそ、この繰り返しだった。

稼ぎは、晒《さらし》で作った帯に入れ、おなかに巻いて持ち帰った。一カ月も商売すれば、相当な大金になるはずだが、スリなどにあうことはなかったのだろうか。

「籠《かご》背負って、そんなお金持ってるとは、誰も思わんのでしょ」

行商姿が幸いしてか、狙われたことも、怖い思いをしたことも、一切なかったという。

タマエさんのように畑を持たない家では、比較的遠いところへ長期にわたって商売に行き、たくさん稼ぐ。一方で、畑を多く持つ人は、牡丹や薬用人参を栽培するので、さほど遠くに行ったりはしない。島内で生産部門と販売部門がうまく連携しているようなものなので、島の家には上下関係の意識はあまりないのだという。

大根島の花売りさんたちが全国を歩いたのは、タマエさんが商売をやめた平成一〇年ごろまで。商売先の会社や学校に立ち入ることができなくなったり、駅前の商人宿がなくなったりして、おのずと消えていったようだ。かつて数百人いたという花売りさんも、貞子さんたちのような日帰り行商数人を残して、ほとんどいなくなった。

仕入れを終えて帰路につく門脇貞子さん（平成24年7月9日撮影）

貞子さんの実家は、すぐ近くの商店だ。生活に必要なものをひととおり扱うよろずやのような店で、夕方になると、近所の人たちが一杯飲みにやってくる。ちょっとしたサロンである。

そんな家に育ったので、もともと商売は好きだった。結婚後、三〇歳くらいから花売りを始めたが、家事をすることと、夜は家にいることを第一に考えているため、行商は日帰りと決めている。

松江には、会社や事務所、個人の家など、長年通う得意先が二〇〇軒ほどある。牡丹苗のほか、鉢植えの花、乾物や味噌、自宅の畑でとれた野菜なども、季節ごとに持っていくと喜ばれる。初めのうちはサービスで持って行ったサヤエンドウを、わざわざ注文するようになった人もいる。

「自分が社長でもあり、従業員でもある」と貞子さんはいう。小さな商売ではあるが、自分の裁量しだいでいかようにも展開できる。苦労はあっても、お客さんに喜んでもらえれば、また次への励みになるのである。


それからも、私は、行商経験のある人たちにできるだけ話を聞こうと、大根島へたびたび足を運んだ。

ある夏の午後、偶然、島にある花問屋で仕入れをする貞子さんを見かけた。ちょうど商売から帰ってきたところで、お客さんから注文を受け、翌日持っていく花を選んでいるところだった。

「珍しい花が欲しい、っていうお客さんがいて、お金ももう預かってある」

問屋にある鉢植えの花をあれこれと見比べては、品選びをする。お客さんの顔と好みを思い浮かべながら、いくつかを段ボール箱に収めて籠の上に乗せた。

この日まわった得意先で、ちょっとした出来事があった。会社や事務所のようなところでは、よく買ってくれる人もいれば、全く買わない人もいる。けれども貞子さんは、買う人にも買わない人にも、いつも「ありがとうございます」と礼を言って帰る。

「今日買わなくても、いつ買ってくれるかわからない。いつかは買ってくれるかもしれないって、そう思って一五年間、その人にお礼言い続けてきたの。そしたら、今日、買ってくれた。私の勝ちだわね」とにっこり笑う。

「いつもありがとう、は買ってもらわん人に言わないといけない。ここに来さしてもらってありがとう、っていう意味」

最近では、商売に出かける回数も、年齢に見合う頻度にとどめているが、最初のころからのつきあいだという、松江市内のある電気会社には、今でも折をみて足を運ぶ。

会社のビルが新しく建て替えられて、部外者の立ち入りには厳しくなったのだが、貞子さんが入り口のインターホンで「大根島です」というと、すぐ開けてくれる。「おばちゃんが花を負うて階段上がるのえらい（つらい）から、エレベーターつけたよ」などという社員もいる。

この会社では、いつも明るい笑顔を絶やさず、いろいろなお客さんの希望に応えながら商売をする貞子さんを、経営上のお手本とすら考えている。貞子さんもまた、自宅で電気工事をするときには、必ずこの会社に頼む。

「買わな、いけんが。花買ってもらうばかりじゃだめ」

松江市内の個人宅をまわるときにも、さりげなく会社の宣伝をする。そうすると、近隣一帯がその会社のお得意さんになったこともあった。

そもそも交易とは、別のところに住む人たちが互いの不足を補う、物々交換から始まった。時代や形は違っても、貞子さんの商売には、そんな交易の原点が今も生きている。

何度目かの大根島訪問となった、平成二六年六月一日。桑名（三重県）から来た伊勢大（太）神楽の一行と、偶然行き会った。獅子頭と太鼓と笛の三人組。毎年、六月一日と二日に、島の家々を回るのだという。

貞子さんの家にもやってきて、ひとしきり祈禱の舞を披露し、賽銭を渡すと、お札を置いていった。

小さな島で、時代に合わせた小さな旅商いを組み合わせて暮らしを紡いできた人たち。そこを訪れる、遠くの旅芸人たち。

旅で稼ぐ人たちの足取りは、思っているよりもはるかに軽く、たくましい。これまでも、これからも。

大根島を訪れた伊勢大神楽（平成26年6月1日撮影）

参考文献

中国地域社会研究会編『八束村誌――科学的村誌えの試み』関書院　一九五六年

米子鉄道管理局編『米子鉄道管理局史』米子鉄道管理局　一九六三年

岡崎一郎編『閑上風土記』一九七七年

関西学院大学地理学研究会編『大根島』関西学院大学地理研究会　一九八一年
朝岡康二『鉄製農具と鍛冶の研究』法政大学出版局　一九八六年
樫村賢二『里海と弓浜半島の暮らし――中海における肥料藻と採集用具』鳥取県　二〇一一年
ゆりあげざっこ写友会編集委員会編『むかしの写真集　閖上』二〇一一年
横浜市歴史博物館編『千歯扱き　倉吉・若狭・横浜』二〇一三年
山本志乃『行商列車――〈カンカン部隊〉を追いかけて』創元社　二〇一五年
鳥取県立公文書館県史編さん室編『新鳥取県史　民俗1　民俗編』鳥取県　二〇一六年

二章　テキヤの旅

神崎　宣武

高市とワンチャとタンカバイ

四〇年以上も前のフィールドワークをたどることになる。そのころは、各地のまつりや縁日での高市《たかまち》がにぎわっていた。

高市は、ひとことでいうと露店市である。常用語ではないが、かなり広く通じていた。現在《いま》もそれをみることができるが、半世紀前のそれとは雰囲気がだいぶ違ってきている。たとえば、現在の高市では、各店ともにテント地の屋根が備わっており、売り台が朱、看板も極彩色。ずいぶんと見場《みば》がよくなっている。雨に降られても、あわてることもない。

また、現在の高市での商品《ネタ》の主流は、食べものである。バナナチョコ・リンゴ飴・ホットドック・お好み焼き・イカ焼き・焼きソバなど。それらは、半世紀前にもみられたが主流ではなかった。それらは、鉄板とかガスボンベとかの大型の装置を必要とするところから、自動車での移動が一般化してから普及したものである。

かつての商品の主流は、玩具や仮面・セトモノ（陶磁器）・昆布やスルメイカ・古着や古本などであった。チッキ（鉄道貨物便）で往く先々の駅に送るのだから、変質しないことが第一の条件となっていた。

そのころは、タンカバイやバサウチもにぎやかであった。

タンカバイとは、口上売りのこと。弁舌巧みに客の足を止め、商品を売る。バサウチとは、足を止めた客にさらに値段を下げたり上げたりしながら（ふつうは段階的に下げる）、商品を売りさばく。俗には、叩き売りともいう。

ひとり高市の風景だけではない。昭和四〇年代からのいわゆる経済の高度成長期に、日本中で生活文化が急激に変化変容をみた。歴史上ではもっとも大きな生活革命期だった、といってよい。

筆者は、その変革期に高市を巡り歩いていた（昭和四〇年代後半～昭和六〇年ごろのこと）。とくに、頻繁に足を運んだのが中京地区の高市であった。そこには、ワンチャ（茶碗屋）と呼ばれるセトモノ行商人が多く活躍していた。

たとえば、名古屋で最大の高市は、繁華な大須観音（中区）にも近い東別院（東本願寺）のそれである。春と秋の彼岸をはさんでの高市には約二〇〇もの露店《みせ》が並ぶ。そのうち二一店がワンチャなのであった（昭和五八年）。約一割をワンチャが占めていたわけで、その割合は、全国の高市でも突出したもの、といってよいであろう。

高市の場所割り例　昭和58年11月11日・岐阜県多治見市笠原

凡例

● ジンバイ（口上を述べずに売る形式＝菓子・焼きそば・お好み焼き・玩具など）

■ コロビ（口上、実演などの人寄せの要素を加えて売る形式＝七味唐辛子・指輪・プロマイドなど）

▲ 大ジメ（ぐるりに人を集めて、実演やゲーム要素を加えて売る形式＝輪投げ・射的・金魚すくいなど）

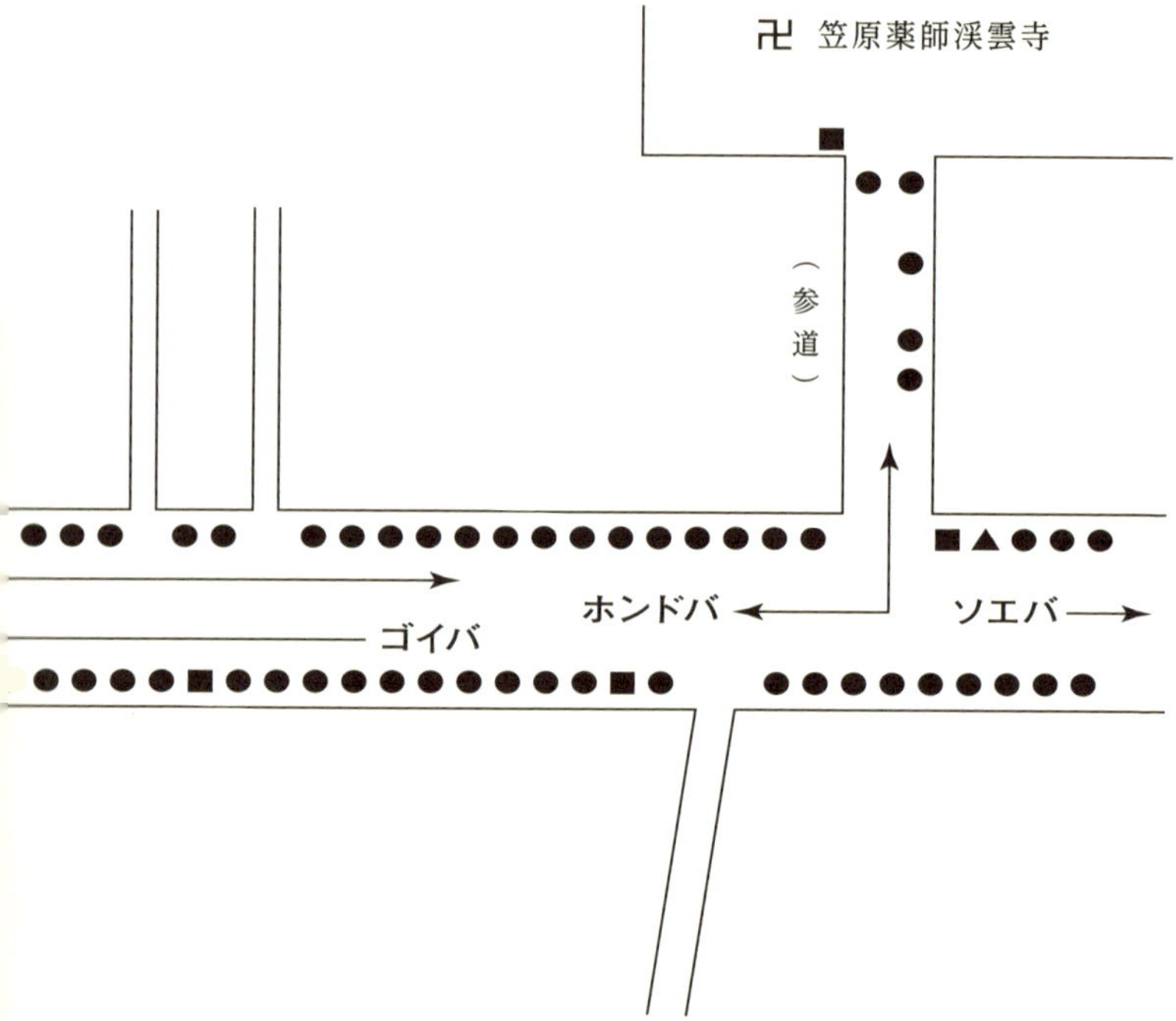

注(1) 参道が狭いので、堂前に露店が少ないが、参道が広いところでは両側に露店が並ぶ。

注(2) 人の流れをケリコミ→ホンドバ→薬師→ホンドバ→ゴイバと仮定する。その場合、ホンドバが最も人が寄りやすい場所（商売上良い場所）となる。

注(3) 当地はやきものづくりの盛んなところだが、ここには茶碗屋（ワンチャ）は出ない。もし茶碗屋が出店する場合は、ゴイバの最後に茶碗屋だけを並べてつける。植木も同様。

注(4) 大ジメ（見世物中心の販売法）は場所をとるので、出店の申しこみがあれば、ソエバにつける。茶碗屋をソエバにつけてもよい。地元のバザーなども、ソエバを使ってもらう。

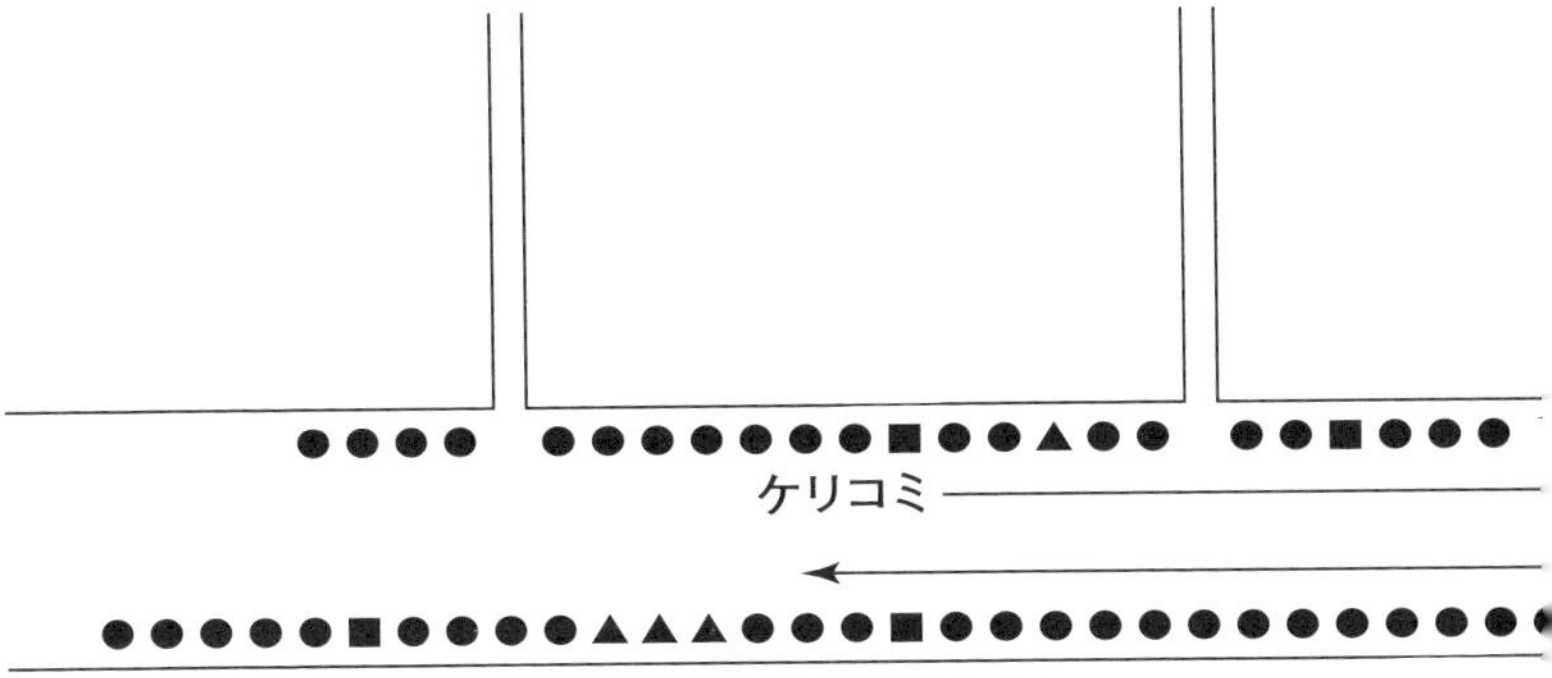

いうまでもなく、中京地区には陶磁器を焼く窯場が数多く分布している。肥前（佐賀県）と双璧の「やきものどころ」である。

愛知県では、瀬戸がよく知られる。陶器も磁器も焼いてきたが、近世以降は磁器の産出量が多い。やきもの（陶磁器）を総称してセトモノというのは、瀬戸産のそれが江戸を中心に日本一円に流通したからである。対して、西日本各地では、やきものを総称してカラツとかカラツモノと呼んだ。それよりも古く、唐津（佐賀県）で焼かれた陶器類が広く分布していたからである。

東濃《とうのう》（岐阜県の東美濃地方）の山間にも窯場が分布する。

高田・小名田《おなた》・市之倉（多治見市）、土岐津・下石《おろし》・妻木・駄知《だち》（土岐市）、瑞浪《みずなみ》・陶《すえ》（瑞浪市）、久々利《くくり》・大萱《おおがや》（可児郡）、笠原（土岐郡）など。そして、その扇の要のような位置に、集荷地としての多治見の町がある。

東濃地方では、古くは平安時代から陶器が焼かれていた形跡がある。その窯場がどの程度の規模であったかは明らかでないが、以来江戸時代までは美濃地方での自給的な産業にすぎなかった、と想定するのが妥当であろう。それが、幕末から明治時代にかけて磁器を焼く窯が増え、明治中期に至って磁器製造が各窯場の主流に定着する。現在は、それらを総じて美濃焼。その生産量は全国一となっている。

瀬戸から東濃にかけて、やきものづくりが盛んになったのは、いうまでもなく原料に恵まれたからである。とくに、近世以降は、磁器を大量に焼いてきた。

磁器の原料は、陶器原料の粘土と違って、陶石《とうせき》と呼ばれる石英粒をよく含んだ岩石である。その陶石を粉砕して、その粉粒を練りあわせて坏土《はいど》（陶器における粘土に相当するもの）とする。その原料の違いから、磁器は、陶器に比べると一般的に硬くて強く焼き上がる。そして、薄手に成形することができて、軽い。おまけに、素地が白くて滑らかである。それゆえに、染付け（藍色）や色絵が映える。だから、食器などの分野で、他の追随を許さぬほどに商品価値を高めたのである。そのことは、現在の私たちの食卓が、陶器や漆器をしのいで、圧倒的多数の磁器で占められていることからも明らかである。

磁器は、元和二（一六一六）年に肥前の有田皿山で焼かれだした、とされる。その当初は、長崎出島のオランダ商館を通じてのヨーロッパ向けの輸出品であった。国内への流通は、一七世紀も末ごろからである。その技法が、間もなく瀬戸にも清水《きよみず》（京都）にも会津本郷（福島県）に伝わった。瀬戸で磁器生産が本格化するのは、江戸後期のころである。やがて、瀬戸から東濃地区にもそれが伝わった。

しかし、江戸期を通じて、日本全体でみると、磁器は依然高価な器であった。

それが、急速な広まりをみせるのは、明治以後の鉄道の開通によってである。

明治五（一八七二）年、新橋・横浜間に蒸気機関車が走った事実はよく知られているが、全国的な鉄道網の発達は、それからなお二、三〇年を経てのことであった。ちなみに、東海道の新橋・神戸間の全線開通は明治二二（一八八九）年、山手（東京）循環線の開通が大正一五

（一九二五）年であった。本稿に関係が深い中央線でみると、新宿・八王子間の開通が明治三六年、八王子以西名古屋（西名古屋）に至る全線開通が四四年である。

鉄道交通の発達によって、とくに美濃の山間支谷に分散する窯場は活況を呈するようになった。それまで、おもに船運が利用できる海べりや平場《ひらば》の窯場で産する陶磁器が先行する傾向にあったのが、山間の窯場の製品も同一市場で競合できるようになったからである。

あわせて、ワンチャの行商も、日本全国に広がっていった。

とくに、瀬戸・美濃の磁器は、有田焼のそれに比べると、全体的に廉価であった。日常食器が量産されていたからである。

そのうちのとりわけて安物をさばくのが、ワンチャだったのである。ペケ（不良品）さえもがその商品となった。

そこで、セトモノの産地に近いワンチャたちは、タンカバイを磨くことになった。いかに最新の技術を用いた美しい磁器であるか。そのことを巧みに吹聴することで、まずは客足を止めることをはかったのである。

ここに取り出しましたるこのいい茶碗
（チン！）
音もいいし　焼きもいい

生まれもいい　育ちもいい
（チンチンチン）
描いた模様は　これ見てちょうだい
あなた一〇〇《ひゃく》まで　わしゃ九九《くじゅく》まで　共に白髪《しらが》のはえるまで
枯れて落ちても二人連れってね
たとえ裸で寝たとても
あたしゃあなたに惚れたじゃない
あなたのシラミがうつるから
これまあ　ほんとに縁起のいい茶碗
竹に雀は品《しな》よくとまる
梅に鶯ホーホケキョウ
松は男の伊達姿《だてすがた》
こんないい茶碗を使うのは
村でいったら村長　町でいったら町長
学校でいったら校長
病院でいったら院長　婦長　盲腸　脱腸　十二指腸
とにかく　長のつく者しか使わない茶碗

（昭和五七年、小木曽三郎）

もっとも、タンカバイのタンカで商品をけなすことはない。とくに磁器は、近代においてワンチャたちが扱う二級品や等外品でもその商品価値を落とすことはなかった。磁器がふんだんに使えるという、庶民階層における特権意識をくすぐってきたのである。

はい　いらっしゃいませ
さあ　お客さん
まず最初に　こういう上等のお茶碗さま
ただの茶碗は茶碗だが
いい茶碗になると　お茶碗さまよ
茶碗かわいや　かわいや茶碗　茶碗のかわりは日に三度
月九〇回　年三六五日一〇九五回
親兄弟のご厄介にならなくとも
こういう茶碗のご厄介にならなくてはならんという　上等のお茶碗さま
描いた模様が竹の模様
竹に雀は品《しな》好くとまる
とめてとまらぬ　丁半樗蒲一《ちょうはんちょぼいち》
親父の道楽　嬶《かかあ》の間男《まおとこ》

八〇ばばあの寝小便
今日はこれ　ざっと数えて一〇人前
お店で買うと　一個が三五〇円！
一〇個で三五〇〇円という上等のお茶碗だけれど
今日はそんなにいただかない
昨夕《ゆうべ》　家《うち》を出るときに
お父さんお母さんがよく言うた
あのむらは金がないから
あんまり無理なこと言ってくるなと
今日は特別に安く売っちゃおう
一〇円まけたら血の涙
泣いて涙の泣き別れということもあるけどね
今日は三五〇〇円から三四〇〇円！
（パン！）
はい三三〇〇　三二〇〇！
（パン！）
三〇〇〇円にまけとくが、どうじゃ

（同年、長瀬忠雄）

さあ　こういうええどんぶりはどうじゃ
蓋がついて　底がついて
蓋つき底つきのどんぶりじゃ
（チンチン）
新嫁さんか新婿さん
ついたら絶対離れんぞ
見てみよ　これ
蓋も底も上等じゃ
どんぶりはどんぶりでも
ふつうのどんぶりとは違うぞ
このお尻《けつ》を見てみろ
ねえ　このまるいこと
今月　来月　再来月
天の対決　糞くらえ
穴もなけりゃあ毛もありゃあせん
つるつるべった　つるべった
蝿がとまって怪我をするという　上等のどんぶり

タンカバイでは、数えながら量を売る（1982年、愛知県瀬戸）

ええどんぶりじゃろうが
この赤の色　見てみろ
赤い色見て迷わぬものは
木仏《きぶつ》　鉄仏《かなぶつ》　石仏《いしぼとけ》
千里離れた汽車でさえ
赤いもの見りゃすぐ止まるという
こういう上等のどんぶりじゃ
今日は五人前買ってくれ
ふつうに買えば　一つが八〇〇円！
五つ買うと　いくらになるか？
五八《ごは》の四〇で　四〇〇〇円！
今日は四〇〇〇円が三五〇〇円！
三三〇〇円　三二〇〇円！
はい　買ってくれ！
（パンパン）
三〇〇〇円にまけとこ！
どうじゃ！

（昭和五八年、小栗義高）

最後は、バサウチ（叩き売り）で値段を落とす。そうして値止まりをみて売りさばくことを、オトシマエをつける、といった。

ここでは、一点一点を売るのではない。五点、一〇点を重ねてバサウチをするのである。かつては、そうしたまとめ買いの客筋が多かったのだ。筆者のフィールドワークの昭和四、五〇年代は、いうなれば、その最後の時代ということになる。核家族化（家庭の食事の少人数化）、人寄せ行事の簡略化（仕出し料理の普及）などでの食器の需要が変化したからである。それによって、大型の廉価品店で商品を選んでの少数買いが普及したからである。

時代が昭和から平成に移るころ、ワンチャのタンカバイも後退することになった。

「誇大宣伝だの不良品混じりだの、警察に訴える客もでてきたからね。だました、だまされたも芸のうち、阿吽《あうん》の呼吸が通じる時代ではなくなったんだな」

老ワンチャが、さみしそうにもらしたものであった。

ワンチャの旅まわり作法

ワンチャ（セトモノ行商人）は、当然ながら窯業地まわりに多い。

それも、中京地区に多い。有田（佐賀県）を中心の肥前地方も、一方の大窯業地であるが、そこにはワンチャがほとんどいない。その理由は、先述もしたように、中京地区の製品の方が廉価であり、なかでも安価な商品をワンチャが扱うことになったからであろう。

中京地区のワンチャは、昭和六〇（一九八五）年ごろに二六名いた。その多くが個々にテキヤ組織である本家熊屋駄知《だち》分家（旧大国屋一家＝土岐市）と長者町一家（名古屋市）に属していた。そして、全員が名古屋陶友会に属していた。名古屋陶友会は、テキヤ組織とは違うワンチャだけの大同組織というもので、ここに登録して会員になっていれば、個別にテキヤ一家に属さなくても露店商売ができた。テキヤ一家に属する者とほぼ同数の非テキヤ衆が加わっていた。ただし、中京地区にかぎってのことで、そこを離れて旅商いに出るには一家に所属する必要があった。

本家熊屋駄知分家や長者町一家に属する二六人が、全国各地の高市《たかまち》を巡り歩くことになった。たとえば、堀江利兵衛（明治三九＝一九〇六年生）。二一歳から八〇歳までの六〇年間をワンチャで渡世した。筆者は、昭和五二（一九七七）年から利兵衛翁が没する直前までの約三年半にわたって、もちろん時どきにだったが、その旅商いについて聞き取りと傍証調査を行なった。それを基に『わんちゃ利兵衛の旅』（河出書房新社、一九八四年）として著わしているので、ここでは彼の旅商いの足跡だけをたどっておくことにする。

利兵衛は、二一歳（昭和二＝一九二七年）のとき、大国屋一家（のちの本家熊屋）の四代目国行勇からヅキサカ（盃）を受けた。親分・子分の誓約をしたのである。これによって、旅まわりが可能になった。

利兵衛は、早速に東京に出ることにした。ワンチャにかぎらず新米のテキヤは、まず近まわりの高市から慣らしていくものだが、彼は、東京を選んだ。それまで東京での印物《しるしもの》行商の経験があり、土地勘があったからである。

印物とは、注文に応じて文字を染め付けた器で、白い素地の磁器ならではの商品であった。一般の食器、灰皿、貧乏徳利など。見本の器類を持って歩き、それに記すべき文字の注文をとってくる行商人である。それは、窯元とか、窯場の陶磁器仲買商（卸商）から派遣される場合が多い。つまり、窯元や仲買業者の下請け的な行商、ということができよう。

利兵衛の場合は、本家の叔父が小名田（多治見市）で窯焼《かまやき》（窯元）をしており、徳利を専門に焼いていた関係で、その印物行商に出ることになったのである。

東京までの汽車賃が四円六〇銭。浅草の木賃宿に泊まるのが二八銭。利兵衛一九歳のときのことだった。それからのち、二〇歳を過ぎて、テキヤのワンチャに転じた。

利兵衛のまわった土地は、おもに東日本であった。

埼玉県下の岩槻・行田・久喜・蕨《わらび》・川越・熊谷・大宮・春日部。三月になると、雛市（雛人形だけを扱うのでなく、三月中の高市を総じてそういった）が立っており、三月一カ月間は埼玉県南部を巡っていた。五月、六月になると、新潟から佐渡方面に出る。

七月から八月になると、東北方面。七夕まつり・ねぶたまつり・竿灯《かんとう》まつりなど、夏まつりの高市がねらいであった。

その足で、北海道に渡ったこともある。

旧正月明けには、大須（名古屋市）や挙母《ころも》（豊田市）で陶器市が立った。四月には、多治見・

瑞浪・土岐など地元東濃で陶器市が開かれる。さらに、九月には、瀬戸のせともの祭があり陶器市が立つ。これらには、最優先して参加しなくてはならない。そして、一〇月、一一月の地元の秋まつりも義理を欠くわけにはいかない。したがって、旅まわりは、実際には春と夏にほぼかぎられてのことであった。

その利兵衛たちの旅を可能にしたのは、テキヤ社会における作法という制度であった。まず、第一にどこかのテキヤ一家に所属し、親分からヅキサカ（盃）をもらうことが必要であった。それで、「〇〇一家の××」と名乗れることになり、旅の出先での身分保証となった。あくまでも、文字には頼らない社会であり、同業者間でしか通じない信用である。

旅先では、アイツキ（挨拶）が大事であった。

高市を仕切るその土地の一家にアイツキを通し、それによって露店《みせ》のショバ（場所）を割ってもらうのである。たとえば、次のように名乗る。

私、生国《しょうごく》を申しますれば、美濃は土岐市下石《おろし》町にございます。今日《こんにち》、勝手をもちまして旅《たび》中《ちゅう》でございます。仮の住居は、多治見市池田町でございます。不思議の縁をもちまして、親分は大国屋四代目国行勇でございます。若輩の儀もちまして姓名の儀は高うございますが、堀江利兵衛と申す粗忽《そこつ》者でございます。以後、お見知りおかれまして、末久しく御昵懇《ごじっこん》、お引立のほどお願いいたします。

映画でも、その場面がしばしば登場する。国民的英雄ともいうべきフーテンの寅さんもテキヤに設定されており、何作目かで右と同様の型どおりのアイツキを行なっていた。また、東映のヤクザ映画でもそれがみられた。そこでは、テキヤのアイツキと比していささか文言の違いがみられた。たとえば、「昨今駆け出しの若輩者、前後間違えましたらごめんなさい」。テキヤでは、そこまではいわない。失敗しても、体罰による制裁はない。

「アイツキをさせてみたら、その人間の格《くらい》がわかる」とは、何人かの親分・長老経験者の言葉

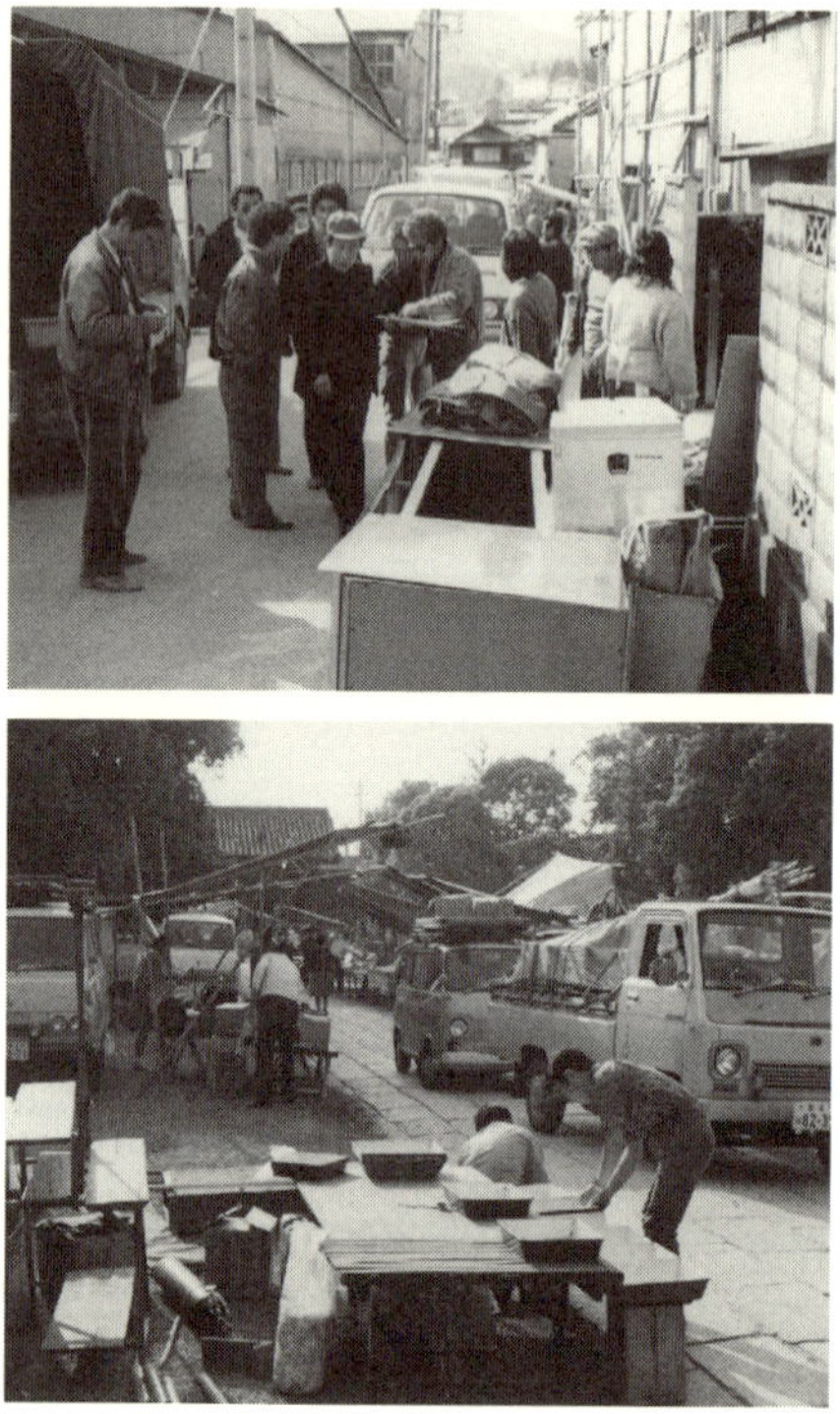

高市でのショバ（場所）割りとミセ（露店）の準備
（1981年、岐阜県下石）

であった。

もちろん、何年かにわたってその高市に露店をだして実績のある者が、優先的に売れどころのショバ（場所）を割ってもらうことになる。しかし、初めてチャクトウ（到着＝参入）した者でもそれなりのショバを割ってもらう例がある。それは、このアイツキの仕方が堂に入っていたから、とみてよかろう。テキヤの旅、テキヤの稼ぎを有利に進められるかどうかは、ひとえにアイツキの作法にある、といっても過言ではないのである。

仲間づきあいも大事であった。

もっとも、テキヤ社会にかぎったわけではない。よい仲間をもち、親しくつきあうことが大事である。そこに、相互扶助が生じるが、テキヤ社会のそれは、より強固であった。

たとえば、ウチコミというしきたりがある。これは、二〇なら二〇、三〇なら三〇とハコ（店）が決まっている高市に五〇、六〇のテキヤが集まったとき、同じネタをもつ者や顔見知りの者同士が共同でひとつのハコをもらって商売する方法である。ヨロク（利益）は、折半する。もちろん、一人で売るよりはヨロクは少ないが、あぶれることはない。籤引《くじ》きは、それ自体は公正な方法だが、籤にはずれた者は、ヨロクがゼロになる。ウチコミは、稼ぎを皆で分けるという相互扶助のかたちといえるだろう。

メンチョウ（帳面）というものもある。ダチ（仲間）の誰かが病気で倒れたら、そのダチが長年露店を出している高市に、メンチョウを回す。半紙でも美濃紙でも綴《と》じて帳面をつくり、それに「何年何月何日、何々の高市で誰々のための奉願帳」などと書いて、世話人の名前を連ねて回すのである。

このメンチョウが回ってきたら、断れない。世話人が強制して回ることはないが、明日は我が身と思えば断る者はいないのである。

テキヤは、男の渡世である。

ダチは、親兄弟よりも大事になる。友だちは五本の指、という。仁・義・礼・智・信、これが五本。このなかのひとつも欠けてはならないのだ。

なかでも、とくに、バヒハルナ、タレコムナ、バシタトルナといって、この三つは必ず守らなければならなかった。バヒハルナとは、バイヒン（バヒ＝売上金）をごまかすな、ということ。タレコムナは、ダチを売るな、密告するな、ということ。そして、バシタトルナというのは、ダチの女房をコマしてはならない、つまり、女犯《にょぼん》禁止のことである。

とくに、テキヤは、ビタ（旅）に生きているので、留守宅に問題を残したり、ダチやバシタ（女房）が信用できないようではビタは成り立たない。人間として当たり前の道徳というものであるが、テキヤの世界では、それを犯すことがとくに重罪とされたのである。

筆者がフィールドワークで彼らとつきあいをはじめたころは、ほとんどが軽トラックでの旅に変わっていた。商品を駅止めで送るという時代は過ぎていた。それにしたがって、女房衆も軽トラックに同乗して高市に出て手伝うようにもなった。しかし、そこでの化粧は厳禁であった。そのあたり、なおも男の渡世の風《ふう》を装っていたものである。

テキヤ社会の法は、仁・儀・礼・智・信。それに触れれば、それなりの制裁があった。ダチを五本の指とする彼らは、そのダチを裏切るからには、指一本詰めることぐらいは覚悟しなくてはならなかったのである。

家名を汚すような無作法なら、所払いや破門がある。所払いは、たとえば中京三県所払いとか東海六県所払いというもので、その内で住むことも商売することもできないようになる。破門になれば、もうこの渡世では生きられないということであった。

テキヤは、仲間内での規範と義理にしたがって、相互扶助の精神もつないで旅商いに生きてきたのである。

テキヤの源流は薬師

テキヤをヤシ（香具師）ともいう。

語源からみるかぎり、どうもテキヤよりヤシの方が古いように思える。たとえば、江戸期の文献にはテキヤという言葉がほとんど見当たらないのである。

といっても、もう一方のヤシの語源もどこまでさかのぼれるか。記録は、いささか心もとない。江戸期の百科事典ともいうべき『嬉遊笑覧』（喜多村筠庭著、文政一三＝一八三〇年）には、路頭での行商の様子が描きだされている。しかし、ここにはテキヤはおろか、ヤシという言葉さえでてこない。呼称には、立売とか口上商人という言葉が使われている。ただし、あくまでも、江戸市中のことである。

物を持ち出て店をかまへずして、売りたる処を立売と呼ぶ。(中略)『事跡合考』に、ここの事、古老の物語を記して云《いふ》、寛文の頃まで商人おのれおのれが、売物を持て立ならび売たり、刀脇差などの商人弁舌切らして売たるなり。万商《よろずあきな》ひかくのごとし。

「立売」は、つまりは露店である。そして、「弁舌切らして売たる」は、つまりはタンカバイ(口上売り)である。

四谷、本郷、浅草、芝の端々より出て、買たる事故殊《こと》の外賑《にぎはひ》なりし。其後夥《おびただ》しく端々商店出来て、自由になり、いつとなく買に来る人なく、物売絶たり。又、立売と云名はあらねども、是よりさき慶長の頃『耳聞集』に、大橋に毎日刀市立しことをいへり。大橋とは今の常磐橋なり。立ながら売るゆえ立売といひたるなり。『人倫訓蒙図彙』に口上商人、万の合《あはせ》薬《ぐすり》並に鬢付《びんつけ》のたぐひ諸方の市法会の場等に出て弁舌をもてこれを売り、又は神を誓蛇をみせ操人形《あやつりにんぎょう》を出し物まねをして人を集めて是を商ふ。

これは、江戸中期までの状況である。しかし、慶長年間（一五九六～一六一五年）までもさかのぼって立売りのはじまりを探ろうとしている。そこでは、「刀市（に）立しこと」、とある。また、江戸期のそのころは、合薬・鬢付などが「口上商人」の「弁舌」をもって売られる、とある。まさに、「万商ひ」（前出）に及ぶ。その実態は、まぎれもなくヤシ・テキヤの類である。

一方で、江戸後期には、ヤシという言葉も登場する。それは、『守貞謾稿』（喜田川守貞著、嘉永六＝一八五三年）で確かめられる。

矢師、商人、一種の名、製薬を売るは専《もっぱ》ら此の党とするよしなれど、この党に非るもあり。

矢師と記しているが、薬売りを主流とする、とある。ヤシを「薬師」ともするゆえんがここにある。そのことについては、「矢師は仮名にて本字野士也。字の如く野武士等飢渇を凌ぐ便りに売薬せしを始めとす」ともある。ここでは、薬師とはでてこない。しかし、実態はたがわない。

さて、『守貞謾稿』では、売薬にかぎらずその他にも業種が広がっているのが確かめられる。

今は十三種の名目にて大凡《おおよそ》売薬香具を専らとす。名は十三なれどもその品甚だ多く歯磨は歯の薬なり、紅は唇薬、白粉は顔薬、艾《もぐさ》は途中急病に供す。因之燧石《ひうちいし》、燧鉄《ひうちがね》も売之、於之大《たい》概《がい》売薬香具を路傍に売るは必ず矢師の党也。三都定まる所なく、その老朽の者に従ひ業之す。

則ち親分子分と云ふ。

ヤシの本流が売薬の行商であったことには、かなりの信憑性がある。

じつは、隠密であった、と唱える説もある。たとえば、享保二〇（一七三五）年の「香具師一件――乍レ恐以二申上一候」という記録がある（『古事類苑』に所収）。江戸芝田町の庄兵衛が公儀に具申したとされる記録で、「隠密の訳、そう心得られるところは、職祖である長野録郎高友が、文治のころ自領を差し上げただの医浪人となった。そして、その医道に従う門弟四百八十八人をもって香具職と唱えた」とある。さらに、「御国役として、間道や近道の案内、非常時の張り番、隠密、この三つの役を務めた」ともある。だが、これを傍証する資料が他に乏しい。そうした説もあり、としておこう。

そのことは、もう一方で、「神農《しんのう》」の存在が如実に物語ってもいる。ヤシ・テキヤ系の象徴として神農が崇め祀られているのである。

盃事などの儀式のときには、神農像（掛け軸）が中央正面に掛けられる。また、一家の襲名のときには、旧親分から次の親分に太刀、巻き物とともに神農像一幅が引き渡される。神農像は、テキヤの一家を構えるに際しては、現在も必要不可欠なものなのである。

そして、テキヤは、「神農道」に生きることを誇りとする。さらに、優れた親分のことを神農さん、ともいう。それほどに、テキヤ社会では神農の存在は大きいのである。神農道のもとでの露店行商（有職渡世）。テキヤとは、そう定義づけるのが妥当かもしれない。そうすることで、俗にヤクザと呼ばれる任侠道を標榜する博徒系の無職渡世との区別が明確になる。ちなみに、テキヤとヤクザが混同もされるようになるのは、戦後（第二次大戦後）の混乱期でのことであった。

そもそも、神農とは、中国の神話中の存在である。本来は、その表字どおりに農業神（農神）として崇められるべきものであった。中国においては、農神としての伝承が強い。それは、韓国でも共通する。

ただし、伝説によれば、神農は多才であった。農具のほかに陶器をつくり、骨針をつくった、とある。そうした功徳のなか、薬草を摘み医薬品をつくった功をとくに称《たた》えれば、神農は製薬業の祖ともなる。中国最古の薬学書である『神農本草経』も神農の手によるものとされ、漢方薬学の原本、定本とされているのである（もっとも、現在に伝わるのは、五世紀に陶弘景によって改訂増補された版である）。

薬草を手に持ち、口にくわえた神農像

そうした神農信仰が渡来し、とくに日本では、神農は薬学神としての存在意義を強めていった。

大阪の道修町《どしょうまち》（東区）。ここには、薬問屋がずらりと立ち並んでいる。大手製薬会社（たとえば、武田薬品・田辺〈現・田辺三菱〉製薬・塩野義製薬など）も、ここが発祥の地である。

この道修町の一角、ビルとビルとにはさまれるようにして小さな神社がある。正式には少彦《すくなひこ》名《な》神社。が、一般には「神農さん」と呼ばれている。もちろん、神農さんは、道修町の職業神として祀られているのである。現在でも、一一月下旬の祭礼日、道修町の薬問屋はその仕事を休み、盛大に神農さんを祀る。いや、道修町の薬問屋の関係者だけではない。それに連なる各地の薬商が、ここに集まるのである。

ヤシの本流が売薬行商にあるという根拠のひとつが、この神農である。

熊屋本家（名古屋市）の一九代目、松本正一がいみじくも語ったことである。


中京地区のテキヤでは、ウチ（熊屋）と薬屋が古い。ウチが一九代目、薬屋は二〇代目。言い伝えによれば、ウチと薬屋の初代は兄弟じゃったとよ。兄弟して薬を売って諸国を歩いたところ、何か事件があったらしい。それを、大岡越前が裁いて、兄の方に薬草の権利を、弟の方に熊の胆《い》の権利を与えて諸国の大道で商いができるようになった、ということじゃ。それじゃから、一方は薬屋、一方は熊屋を名乗ることになった。

そのへんのことは、『十三香具虎之巻』を読んでみてくれりゃあわかると思うよ。

渡世を助けた『十三香具虎之巻』

『十三香具虎之巻』は、門外不出の秘伝書とされる。テキヤの有力親分筋に伝わる秘伝書である。たとえば、正式の神農盃（襲名盃）のとき、神農像・太刀とともに旧親分から新親分に譲り渡される三種の神器のなかのひとつなのである。神農像がテキヤの象徴、太刀がテキヤの魂だとすると、この『十三香具虎之巻』は、テキヤの血統書ということになる。

しかし、信憑性となると、いささか乏しいところがある。もとは別々に記された何種類かの文書を、のちに集めて一巻としたもので、それも本来一巻か二巻しかなかったものが次つぎに書き写しを重ねて伝えられているので、どの巻物のどの掲載文がどこまでたどれるかは疑わしいのだ。しかし、この社会では「聖典」として伝えられている。その中核の部分を以下に抜粋する。

『十三香具虎之巻』には、まずはじめに、伝説伝聞をもってヤシの由来を記した「香具商人往来目録」が掲げられている。役《えん》の行者、八幡太郎義家、太閤秀吉など歴史上の名士が次つぎに登場し、香具師はそうした名士のもとで道案内や薬師を務めた、とある。たとえば、次のようにである。

文禄元辰年太閤秀吉様朝鮮御追討ノ砌《みぎ》リ　肥前名護屋ヨリ御《おん》渡海節《とかいのせつ》合《あわせ》薬師《ぐすりし》ニ御案内ノ儀
被仰《おおせ》付《つけられ》候《そうろう》事《こと》

話としてはまことにおもしろいが、もちろん、そのまま鵜呑みにはできない。始祖を美化したり権威づけるのは世の常というもの。同類の由来については、以下、ここでは割愛する。しかし、最後の部分だけは、後の諸説につなぐ意味でも注目しておきたい。

寛永六巳年　御老中松平伊豆守様へ香具商人共被召出《めされでる》　八香具五商人ノ儀ハ天下一統ニ御免有之《これあり》　見世ハ三尺ニ於テ幕張ノ看板トモ御免有之候左ノ通リ

小間物師、売薬師、煙草売、見世物、筵張《むしろばり》茶屋

右ハ五商人香具ノ面々也

つまり、松平伊豆守から一三種（八香具五商人）の商人に免許があった、とある。その真偽のほどはともかくとして、以下に連なる諸文を通して、このあたりが『十三香具虎之巻』の骨子となるのである。

次に、「香具商人連中へ仰付候注意ノ事」（享保三年に大岡越前守が十三香具を改めた記録）がある。続いて、内容がほぼ重複する「商人帖頭衆」が載る（以下の引用は、これによる）。この内容こそが、ヤシ・テキヤ衆がもっともありがたがって、以後よりどころとした部分である。ただし、原文は少々難解なので、筆者なりの読み下し文に改めた。

一、享保二十卯年十一月十六日、江戸の香具連中の者どもが大岡越前守様の御番所へ召し出
　され、役筋を仰せつけられた。

一、長崎御奉行の細井因幡守様より仰せ聞かされたことは、近年唐物（輸入品）の抜荷《ぬけに》があり、それを売買致した者は早速に捕えて御代官所へ預け置き、そのあと江戸表御月番へ訴えよとのこと。もちろん、人参、麝香、龍能、そのほかの薬種、唐物の儀も同類で、長崎証文を持たずして売買致した者は早速訴え申し出ること。

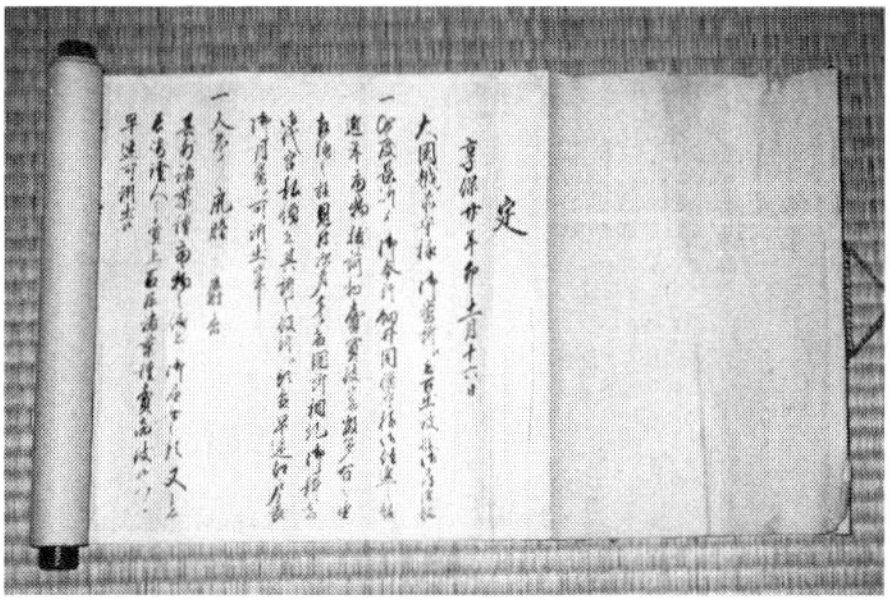

大岡越前守云々で始まる『十三香具虎之巻』

一、右の約束事を銘々が互いに守ること。そのために、行商の儀、十三香具（商品）の内訳を、（大岡越前守様が）それぞれにお尋ねになられた。それには三人の者がお答え申し上げた。そのとき以下の十三香具が確認された。

一、居合抜、曲鞠、独楽《こま》回し、この三組は愛嬌芸術をもって人を寄せ、薬、歯磨（粉）、反魂丹を売る者ゆえに薬香具《やし》という。

一、覗き見世物、軽業の芝居役者、身振声色《こわいろ》なども愛嬌で人を寄せ、薬や歯磨を売るので、香具《やし》という。

一、大勢を引き連れて売り歩く商人は、盛場で見世物を演じ

売薬する。それぞれのところで名高い妙薬があると申す。たとえば、万金丹、越中富山の反魂丹、小田原の外郎《ういろう》、楊枝《ようじ》、脇香、匂《におい》隠し、懐中掛の香袋などを売る者も香具という。

一、辻療治、膏薬、または歌本、または按摩導引《あんまどういん》と申す療治。読本歌本は人を立て、愛嬌に薬や歯磨を売るので、これも香具商人という。

一、火燧《ひうち》、火口《ほくち》を売る者は、旅人が道中で脚気や足にできた痘の痛みに難儀しているとき、灸（火燧・火口）ですぐに痛苦を鎮める。元来、火口は越前の国より始まり、京都は茗《みょう》荷屋、大阪にては寺田屋、江戸表では芝神前の枡屋と、この三か所で初売、のち諸国へ売りに出るようになった。これらの者も香具商人という。

一、鉄物、金物を売る者は、鋏《はさみ》毛抜、金銀打針などの品々や、外科に用いる金物を扱ったので、香具商人という。

一、七味唐辛子、南蛮椒気商人。罌粟《ケシ》、胡麻、山椒は、気根の薬となる。蕃椒は疾毒を退ける薬となるので、これらも香具商人という。

一、石臼目立職も、昔は諸々の薬種を粉にして丸薬をつくり、諸病に用いるとき、天地陰陽和合を元として用いるので、これも香具商人とみる。ただし、これは、老体が渡世のため行うもので、いわゆる隠居商売である。以上を、八香具と申す。

一、小間香具というのは、たとえば、櫛は髪の乱れを直しながら頭のむれをさまし、紅は口中の嫌な匂をなくし、白粉は顔の腫物を隠して顔色をよくみせる、などといって薬用を説いて売る。これも香具という。

一、蒸物茶水を売る者は、旅人が道中で空腹のため難儀している折にこれを助けるので、香具である。砂糖菓子は病人や食欲不振の者に用いる。また、妊婦にも有効なので、これを扱う者も香具仲間という。

一、梨、蜜柑は、病人の力となって腹中の熱気を払う薬となる。また白酒は白糀と寒晒しの糯米《もちごめ》でつくったもので、大人小人をとわず腹中の薬となる。従って、これらを売る者も香具という。

一、香具商人の天秤棒《てんびんぼう》についてのお尋ねにつき、越前屋庄兵衛お答え申しあげる。昔、山城国の四条河原に千葉京吟という者がいた。役《えん》の行者のお供をして京吟が木曽山へ行ったとき、行者の荷と自分の荷を金剛杖に両掛にして担った。やがて信濃路に来て行者と別れる折、行者は六尺二寸の金剛杖を四寸切って錫杖（仏具）とした。そして残りの五尺八寸を京吟に天秤棒として下さった。それ以後、その金剛霊徳のおかげで、ほうぼの神社仏閣、ご城下などで、法会開帳のとき門前の市までその天秤棒で荷を担っていけば、手形がなくとも世渡り商売ができた。また、御関所、御番所、それに渡川場まで、その天秤棒があれば無手形でも通行できた。右の通り商売を致してきました。

享保二十卯年十一月十六日

越前屋庄兵衛
尾上兵佐衛門
丸野　安太夫

ここでは、松平伊豆守に代わって大岡越前守が登場する。松平伊豆守が免じたとされる先の一三種の内容とはやや違っているが、大岡越前守が一三種の営業権を確認したふしがある。ときは、享保二〇（一七三五）年。前掲もしたが、享保二〇年のこの種の具申書は、ひととおりではない。が、お上に認められた氏素性を誇張気味に標榜することでは共通する。そして、以後の文献（『嬉遊笑覧』『守貞謾稿』など）も、おおむねこれらに準じているのが改めて確認できるのである。

十三香具のなかで注目すべきは、居合抜・曲鞠・独楽回し、石臼目立などを行なう者も、終局的には歯磨や丸薬などの薬品を扱っていたことである。そして、茶、砂糖菓子、梨（子）、蜜柑、白酒なども、当時は薬用に売られていたことである。

考えてみると、多くの食べものが、その普及以前の稀少なる時期には、薬用効果が説かれ滋養食とされたことは、ほぼ事実というものであろう。我々がよく知るところでは、バナナがある。戦後しばらく（昭和三〇年ごろ）までは、病人への見舞品の定番というものであった。こうした記述を読んでいると、新しい食べものを日常生活に導入するまでの仕掛けは、案外に彼らヤシ（香具師）が担ったのではないか、とも思えてくる。バナナも、露店でのタンカバイ（口上売り）から広まったのは、まだ記憶に残るところである。

さて、一連の文書によると、そうして大岡越前守の改めによってその商業活動を認められたヤシたちは、以後も事あるごとに南町奉行所に出頭したらしい。

「香具商人諸書」には、越後国（新潟県）に売薬に出た江戸芝田町の越前屋庄兵衛弟喜兵衛が、土地の若者といさかいを起こし、喜兵衛の訴えで大岡越前守が裁いたいきさつが書かれている。

それにしても、一介の露店商人が越後での喧嘩を江戸の南町奉行所にもちこみ、その取調べのために越後から庄屋以下五七人が召し出され、ほぼ一方的に科料（罰金）を科せられた、という記録は仰々しい。こうした記録にそってみるかぎり、一三種のヤシネタ（香具）にはかなりの権利が認められ、道中の安全も保証されていた、ということになる。

この『十三香具虎之巻』が偽書であるとか複製であるとか議論するのに、さほどの意味はない。ただ、ヤシ・テキヤ衆にとって、その渡世のよりどころとなったことは確かである。また、とかくうさんくさくもみられる旅商いで、何かの折にそれを示すことで箔《はく》付けとしての効力もあっただろう。そう想像するのは、たやすい。

たとえば、木地《きじ》師たちは、惟喬《これたか》親王を始祖として仰いだ。その由来文書（惟喬文書）を持って各地を渡ることで、山林から木地素材を伐採する稼ぎを可能にした。そのこととも相通じる旅まわりの渡世の術、テレビドラマでの水戸黄門の印籠のようなもの、と理解しておこう。

薬師・香具師から的矢へ

野士・薬香師・香具・香具商人、そして矢師など。

これまでみてきた江戸期の文書類のなかには、こうしたいくとおりもの表記があった。本書では、もっともわかりやすく元がたどれるとして、「薬師《やし》」を用いている。また、一般的には、「香具師《やし》」が多用されている。

その呼称と表記の変遷を整理しておかなくてはなるまい。

まず、薬師を元祖とすることを確認してきた。

そのところでは、野士もそれに準ずる。野士を野武士とする解釈もあるが、野草士とみてもよい。旅をしながら、往く先々の山野で薬草を採取し、簡単な加工もしながら売っていく。それは、原初的な旅商いの合理ともいえる。さらに付加価値を高めるためには、弁舌（口上）をたくみに用いる。これも、世すぎとして当然のことである。

それが、いつの間にか「香具」と記されることになった。

文字どおりに読むと、仏前での香具。線香の類。しかし、『十三香具虎之巻』には、線香は入っていない。ただ、よくよく読むと、脇香・匂《におい》隠し・香袋などを売る者も同類、とある。薬や歯《は》磨《みがき》ほどに目立ってはいないが、たしかに香具類が数えられているのだ。

ここでは、線香にこだわってみたい。線香は、江戸期における流行商品なのである。それが、寛文八（一六六八）年、中国からの帰化人五島一官（のちに瀬川八兵衛と改名）によって、はじめてつくりだされた。『長崎夜話草』巻五「長崎の土産物」（享保五＝一七二〇年刊）の条にいう。

線香、根本、五島一官といふ者福州より伝へ来りて、長崎にて造り初め、人にも教へけるより漸く栄へたり。

線香の製造は、後に泉州堺で盛んに行なわれるようになった。上等品は楡《にれ》の甘皮を使う。江戸では、杉線香といって、杉の葉を干してふのりを混ぜた安物の線香をつくった。現在の山手線目白駅と高田馬場駅の間に石神井《しゃくじい》川が流れており、そこに幾棟かの水車小屋が建ち、杉の葉を搗いていた、と伝わる。

折しも元禄時代（一六八八〜一七〇三年）からは、師檀制度（檀家寺と檀家の関係）が広まる。とくに、盆行事が熱心に営まれるようになった。江戸でも盆の前には上方から大量の線香が入荷、線香店（薬屋が兼業していた）の店先では三月の雛人形店のように美しく陳列された（『東都歳事記』）。しかし、当初は縁起物で、一般には忌まれた、という。進物用に包むにしても、客にみえない奥の方で包むほど気をつかった、ともいう。

やがて、江戸産の杉線香が大量に出回るようになった。そうした流行商品をヤシ（薬師・香具師）が扱ったかどうか。少なくとも、安値な杉線香は、彼らの手を経ても広がったのではあるまいか。

なお、仏事に使う線香のほかに、時《とき》線香というのがあった。遊廓や花柳界では、芸者や娼妓の勤め時間を線香ではかったので、そのために特別につくられた線香である。それも杉線香で、細筆の軸ほどの太さと長さであった。この消費も相当量であったことは、想像にたやすい。

いずれにしても、線香が開発されてのち約一〇〇年の間に、ヤシは、薬師から香具師という表記にかわった。師檀制度と供養行事にともなっての線香の普及にヤシがどの程度介在したかの確証は、残念ながら乏しい。しかし、薬品から香具に主流商品が移行したからだろう、としないことには解せない変化なのである。

そのことは、のちにヤシをしてテキヤと呼称がえをしたこととも関連する。

テキヤは、「的矢」である。一般には矢的《やてき》であるが、この業界では、言葉を逆転して符丁に用いるのがめずらしくない。ショバ（場所）・チャクトウ（到着）・ヅキサカ（酒杯）・ワンチャ（茶碗）・ネタ（種＝商品）、それにテキヤ（矢的）など。それによって、たとえばその場きりの値付けなどきわどい会話もできるのである。

さて、ここでもある時代、ヤシの稼ぎに矢的が加わった、という想像が可能になる。矢的が流行、それにヤシが介在したはずなのである。

その矢的であるが、矢場《やば》で行なわれる。矢場は、のちに揚弓場《ようきゅうじょう》とも呼ばれるようになった。的《まと》があり、客は、ある距離を隔てて矢を射る。当たり数によって景品がもらえる。的に矢が当たると、太鼓がドーンと鳴って「当たりー」。と、いうのは、時代劇のなかの光景にすぎない。江戸研究の先駆者、三田村鳶魚によると、「文化文政には幾分か揚弓場があったけれど」「揚弓場の盛りは明治の前半」、とあるのだ（稲垣史生編『三田村鳶魚 江戸生活事典』）。

たしかに『十三香具虎之巻』にも、矢的は見当たらない。喜田川守貞『守貞謾稿』にも、江戸市中の雑業がほとんどとりあげられているのに、矢的についての記述はない。もちろん、テキヤという呼称もでてこないのである。

三田村鳶魚によると、揚弓場は浅草の奥山にほぼ集中してあった、とある。最盛期には五区に二八軒、六区にも二八軒とあるから相当な繁昌である。ちなみに、他には銘酒屋（一杯飲み屋）が多く、浅草の奥山は矢場と銘酒屋でもつ、ともいわれた。その営業の多くに、ヤシが介在したとしてよかろう。そして、もとは露店であったのが、仮小屋での営業となり、やがて常設化していった。三田村鳶魚は、それが明治の前半であった、と説いているのである。

もっとも、揚弓場が栄えたのは、明治三〇年代までだったようで、奥山は芝居小屋・演芸場や飲食店でにぎわうようになり、その後は六区の映画街に移行したのである。しかし、ここには幕末以降の由緒を誇るテキヤ一家がなお存在するのである。

右のような近世・近代の歴史を大ざっぱにたどってみるに、ヤシ（薬師）・ヤシ（香具師）がテキヤ（的矢）にと呼称や表記をかえていった。それは、時代を反映する流行ネタ（商品）にしたがっての変化であった。そして、テキヤと呼ばれるようになって一家ごとの組織化と系列化が進んでいった、といえるのである。

高市とテキヤ衆のその後

以上は、四〇年以上も前のフィールドワークをふりかえっての「むかしばなし」である。経済の高度成長期を経てからの現代は、そのとおりには伝わっていない。四、五〇年のあいだに、相応の変化・変容があった。

そのことに、しかと気づいたのは、厚香苗《あつかなえ》さんの報告に接したときである。平成一七（二〇〇五）年のこと。現在《いま》から一〇年前、筆者のフィールドワークから三〇年以上経ったときである。厚さんは、旅の文化研究所の公募研究（第一一回）に応募し、採択されて一年間の調査・研究を行なった。テーマは「〈賑わい〉をつくる人びと――東日本における香具師とニワと商売」。当時は、厚さんは、総合研究大学院大学文化科学研究科の博士課程にあった。そこでは、「賑わいの場」、つまり場所性の解析に重きがあった（以下の報告は、『旅の文化研究所研究報告』第一四号による）。

調査地は、東京都東部と青森県弘前市。とくに、弘前市では六月から七月に各所で開かれるヨミヤ（社寺での祭礼の宵宮＝夜宮）を訪ね、露店の商品を分析することからはじめた。

何よりも筆者（私）が注目したのは、高市《たかまち》（露店市）のバワリ（一般にはショバワリ）で弘前露店商業組合なる団体が中心になっていることであった。これは、中京地区のワンチャ（セトモノ行商人）でいうところの名古屋陶友会に等しいのだろうが、名古屋陶友会はショバワリには関係していなかった。そこでの高市の運営は、その土地土地のテキヤ一家であった。

弘前でも「香具師系露店商」（厚さんの呼称）もいたが、「おもに賭博的な要素の強い射倖を営んできた」、という。しかし、組合の方が権限が強く、香具師系露店商は、そこでのバワリも組合に任せて久しいそうだ。しかし、その変化の理由と過程がしかとはわからない。

別に、厚さんには、東京での高市で、二つ以上テキヤの集団がナワバリ（既得権）を接し「すみわけ」ている事例の報告もある（『テキヤ稼業のフォークロア』）。すみわけてはいるが、交叉するところもあり、それをアイニワというらしい。

いつごろからのことか、ここでも明らかでない。もしかすると、大都市東京ならではの比較的新しい共催形式なのかもしれない。

高市とその運営形態に地域性がある、ともいえるが、それが経済の高度成長期以前からの伝統なのか、それ以降の変容なのか。それを比較して考察する必要がある。とくに、高度成長期は、各方面で大きな変化変容をきたした。たぶん、歴史上、もっとも急激にして大規模な変化変容であっただろう。高市の運営も、例外とはいえまい。

ひとつ、余談ながら付記しておく。

「テキヤはヤクザとは違う」

かつては（半世紀も前ごろは）、どこでも耳にした言葉である。とくに、老テキヤ衆は、それを誇らしげに主張していたものだ。

すでに述べたところだが、テキヤは、神農道《しんのう》。ヤクザは、任侠道《にんきょう》。それぞれに、職能の違いをそう分けて明確にしていた。

テキヤは、有職渡世であり、露店行商人。対して、博徒系のヤクザは、無職渡世ともいわれた。それぞれに地域ごとに同業者の組織化が進む。全国的にみると、近代でのこと。ここでも、テキヤでは「一家」、ヤクザでは「組」の違いがあった。

ただ、そこでの作法には、共通するところがあった。世襲盃・親子盃・兄弟盃などの盃事。そして、テキヤ社会でのアイツキ（挨拶）、ヤクザ社会でのジンギ（仁義）など。それを、一所不定のアウトサイダーとしての共通点、としてよいかどうか。ここではさておいて、共通性があったということだけを確認しておこう。ただ、それがため、テキヤとヤクザが同業である、とみられることはなかった。

一方、近代以降は、何かにつけてテキヤとヤクザが大同団結をはかろうとする動きもあった。たとえば、大正一五（一九二六）年に日本中のヤシ・テキヤを一堂に集めての大日本神農会が結成された。そのときの呼びかけ文句が、「全国に散在する任商六十万の大同団結」であった。ここに、「任商」なる造語が一人歩きすることになる（任は、任侠の略）。総裁に国粋主義者の男爵中川良長をかつぎだし、時の首相田中義一の揮毫《きごう》「任商」を会誌の巻頭に掲げたりしたのであるから、その影響は大きかった。

とくに、それが政治団体と結んだとき、テキヤとヤクザは合体したかのように歩調をあわせることになったのだ。たとえば、国粋会（右翼団体）の諸活動には大日本神農会もこぞって協賛した。そして、ヤクザの諸団体も協賛した。近代国家の運営では、何事も「大同団結」が時流というものであり、それは、政治と表裏一体化すべきものでもあったのだ。やがて、国粋会では「任商」という言葉よりも「侠客」という言葉が多用されることにもなった。そのところで、国粋会は、いちはやく国土建設や軍部支援に加わることになった。とくに、「ヤクザの中祖」ともいわれる吉田磯吉（一八六七～一九三六年）などを中心にヤクザの諸団体は、賭博以外にも花柳界や興行界、炭鉱発掘などにも勢力を広げていった。ここに、テキヤとヤクザの経済基盤に大きな差が生じることになったのである。

テキヤとヤクザがさらに混同されるようになったのは、終戦（昭和二〇年）直後の混乱期であった。警察権力によって、テキヤ・ヤクザ・愚連隊がひとからげに組織暴力団といわれるようになったのだ（昭和二八年）。はじめは、大都市の闇市を牛耳ろうとしていた第三国人といわれた人たちをおさえるための組織化でもあった。何しろ、昭和二四年までの日本の警察は、ＧＨＱの配下にあって警棒以外の武器は持たされていなかったのだ。テキヤ・ヤクザ・愚連隊は、警察の側に立っての応援団体であった。しかし、その応援団体のはずが、警察が本来の権限を回復するにつれて疎まれるようにもなったのである。

年ごとの『警察白書』で、くりかえしていう。「昭和三十年代には、博徒、的屋及び愚連隊の差異はほぼ消滅し、新たに形成された暴力集団を一括して〈暴力団〉と呼ぶことが社会的に定着した」と。これは、テキヤにとっては、不幸な歴史となった。

しかし、なお、老テキヤ衆たちは、「ヤクザとは違う」と、いい続けたのである。そうした声も、やがて後退した。

ここに、テキヤとヤクザは、混同がまかり通ることになるのである。これも、高度成長期での余波であった。

たとえば、中京の名家、熊屋もヤクザ団体と友好関係を結んだ。実質は、ヤクザ組がテキヤ一家を吸収したのである。そうした動きが全国的にも進んだ。そこで、上納金や刺青《いれずみ》を強要されたがため、稼業を廃《や》めたテキヤ衆も少なくなかった。

高市の運営についても、変化が生じるのが当然のことであった。

一方で、公的な場所からテキヤ・ヤクザの露店を排除する動きもでてきた。とくに、昭和五〇（一九七五）年ごろからの北海道では、それが顕著であった。厚香苗さんの報告した弘前の露店商業組合も、そうした経緯《いきさつ》に準じての変化、といえるかもしれない。また、二つの系統のナワバリが接したり交叉する例も、旧来のテキヤ系とヤクザ系が混淆したところかもしれない。もっとも、ひとつひとつの事例に当たらないと、うかつには判断できないことである。

ひとり露店商法だけにかぎらない。とくに、経済の高度成長は、商業の分野にいちはやく大きな変化・変容をもたらせた。あらためて、それ以前の伝統的な「しきたり」を聞き取るには、むつかしい時代になっているように思う。堀江利兵衛たちのような列車を乗り継いで、駅止めで送ったネタ（商品）をそこでさばききらなくてはならなかったテキヤ衆の旅。それも、すでに歴史的なできごと、といわなくてはなるまい。ありきたりの文言だが、昭和（厳密には、昭和も戦後）も遠くなりにけり、なのである。

参考文献

和田信義『香具師奥義書』文芸市場社　一九二九年

高柳真三・石井良助編『御触書集成』全五巻　岩波書店　一九三四〜三七年

稲垣史生編『三田村鳶魚　江戸生活事典』青蛙房　一九五九年

添田知道『てきや（香具師）の生活』雄山閣出版　一九六四年

喜田川守貞『守貞謾稿』全三巻　東京堂出版　一九七三年

神崎宣武『わんちゃ利兵衛の旅』河出書房新社　一九八四年

ヤコブ・ラズ『ヤクザの文化人類学』岩波書店　一九九六年

厚香苗『テキヤ稼業のフォークロア』青弓社　二〇一二年

三章　島渡りする海女たち

小島　孝夫

海士町の成りたちと海女

海女《あま》とは、素潜り漁によって貝や海藻を採捕する女性のことである。男性の素潜り漁師は海士《かいし》またはオトコアマとよばれている。ちなみに、世界で素潜り潜水漁の分布をみてみると、温暖な海域を中心に男性による潜水漁が展開しており、女性が卓越しているのは日本と韓国だけである。昭和三一（一九五六）年に東邦大学が実施した調査によると、全国に一万七六六一人の海女がいたとされており、日本各地の沿海地域で海女漁が盛んに行われていた。現在では従事者数は激減してきており、全国で一八〇〇人ほどが従事している。

海女の分布を、第二次世界大戦後において海女の数が最も多かった昭和三一年を例にみると、海女が操業している都道府県は二〇で、最も多かったのが三重県の七二一三人、さらに千葉県の三二四三人、福井県の二〇五三人、静岡県の七八三人と続いている。この四県は恒常的に海女の数が多い地域で、従事者の数が減少した現在もその傾向は続いている。平成二五（二〇一三）年に実施された三重県教育委員会の調査によると、全国の海女の数は、約一八四九人と報告されているが、漁業協同組合の広域合併が進んだ影響で、各地の海女漁の実態を把握すること自体が容易ではなくなってきている。

海士町の概観（筆者撮影）

　ここで取りあげるのは、石川県輪島市海士町《あままち》の海女たちである。平成二五年時点での操業者数は二一五名と少数であるが、昭和五三（一九七八）年の一七六名、平成二二（二〇一〇）年の一九七名と従事者が増加しており、他地域ではみられない傾向が生じている。海士町の歴史的背景と自然環境とによって、沖合五〇キロにある舳倉島《へぐらじま》を主漁場とする海女が継続されているのである。

　石川県輪島市は能登半島北部に位置する。

　輪島市は、長い海岸線を有しており、人びとの暮らしは古くより海域と関わりながら展開されてきた。また、輪島市の海域には七ツ島、舳倉島の島嶼と嫁礁《よめぐり》とよばれる岩礁があり、磯根資源が豊富である。本土から約二〇キロ沖合に位置する七ツ島には、夏季に漁を営んでいた人びとの家屋が存在していたが、現在は鳥獣保護区・特別保護区となっており、環境省等の許可がないと上陸ができない。本土から約五〇キロ沖合に位置する舳倉島は、面積〇・五五平方キロメートルを有する有人島である。島の最高標高は一二・五メートルで、島の周囲には緩やかな海底地形が形成されており、磯根資源を対象とした沿岸漁業が展開されてきた。嫁礁は、最浅部がわずかに海面に接している狭小な岩礁で、灯標が設置されている。周辺は、磯根資源が豊富である。これらの島嶼などを漁場として利用してきたのは、輪島市海士町の人びとである。

海士町の人びとの漁場利用慣行には、次のような歴史的背景がある。

現在の海士町は、九州から移住してきた人びとによって拓かれたという歴史がある。永禄年間（一五五八〜一五七〇）に筑前国宗像鐘崎《かねざき》（福岡県宗像市）から渡ってきた人びとが、慶安二（一六四九）年に加賀藩から一〇〇〇坪の土地を拝領して、現在の海士町天地に住まうようになったといわれている。鐘崎の海人たちは、全国で漁場開拓を行ったことで知られているが、漁場の対象としたのは、小資本での操業が可能な素潜り潜水漁が行える、磯根資源が豊富な海域であった。故地から日本海側を東進した又兵衛という海人たち一二名が、漁船三隻で羽咋《はくい》の海岸に漂着し、そこから磯伝いに小屋掛けをしながら北上して、アワビ漁場の開拓を行ったという。そのことが契機となり、又兵衛たちは季節的な出漁を繰り返すことになり、鳳至郡《ふげしぐん》鵜入《うにゅう》村に小屋掛けをするようになった。夏季の間はここに小屋住まいしながらアワビを採り、冬になると鐘崎に帰るということが二〇年ほど続いた。寛永二〇（一六四三）年、領主前田利家にノシアワビを献上して、この地での漁業権を得たいと申し出たところ聞き届けられ、現在の輪島市光浦《ひかりうら》に一四軒の小屋を建て、一五〇人ほどが住み着くことになった。しかし、ノシアワビ等を加工する作業場が必要なため、より広い土地の拝領を求め、現在の海士町に住むようになったといわれる。

一方で、定住にともなう漁業権の獲得については、沿岸漁場は地元の農民たちが副食物を採るために利用していることから参入が許されず、沖合の七ツ島と舳倉島での漁が許されることになった。これらの漁場は、資源が豊富であることが沿岸域に暮らす人びとにも知られていたが、出漁する者はほとんどいなかった。そこで、操船技術が巧みな鐘崎からの移住者の漁場をこれらの島々とすることで、新旧住民の漁場の棲《す》み分けを図ったのである。鐘崎漁民にとっては締め出しのように思える裁量であるが、漁場開拓の才のある鐘崎の海人たちにとっては、所期の目的が叶えられたことになった。

彼らは、舳倉島に小屋を建て、夏はそこに起居してアワビを採ることにして、夏季の住まいと冬季の住まいを分ける「島渡り」とよばれる方法で、生活を始めた。この方法は、故地鐘崎と輪島との間で二〇年にわたって行ってきた方法と同様のものであった。島渡りは、旧暦では五月末に行われていたが、新暦になってからは夏至過ぎを目途に、六月二三日ごろに行われた。帆走で移動するため、島渡りは天候にも左右されたが、テントとよばれた漁船に家族全員と食料や薪などの燃料を積み、家は雨戸などを釘付けにして出かけた。この一斉渡島により、舳倉島での漁期が終わるまで、海士町には誰もいなくなるのである。

出航までの判断は各家で行われたが、舳倉島での生活については、アタリとよばれた舳倉島での組単位での統制が前提となった。

こうした歴史的背景が、現在の海士町での潜水漁の基盤となっているのである。

次に、海士町における現在の潜水漁の実際をみていくことにしよう。

輪島の海女たちの生きかた

素潜り潜水漁は、沿岸域で小資本の漁具で操業できるため、女性の生業として選択されることが多かった。が、女性が潜水漁を家業として継承していくためには家ごとの戦略が必要であった。また、女性が一定海域で潜水漁に従事するためには、それぞれが安定した漁獲量を確保できるような漁場の棲み分けなども進められていくことになった。それを実現するために、潜水漁に関する技術や漁場に関する知識が、家族間や親族間で継承されていくことになった。この継承の方法がアイボウ（相棒）という方法で、輪島の海女漁の特徴のひとつとなっている。

一方、それに加えて、自然界に棲息する貝類や海藻類の更新性を念頭においた採集活動も、経済的な投資を必要としなかった。そのため、婚姻等によりシンタク（新宅＝分家）となった夫婦がジカタ（地方）に居宅を得るための資金を確保するうえで、有効な手段にもなった。

そのことを可能にしたのが、舳倉島の存在であった。舳倉島という生産と生活を緩和できる場所が存在することで、海士町における潜水漁の漁場は、目的ごとに選択されていくことになった。海士町における海女漁は、海士町の人びとが共に生きていくための生業戦略であったし、海士町の人びとの暮らしは、潜水漁の継承を前提として創り出された文化でもあった。以下、四家族のライフヒストリーを事例として、右記の事象について検証していくことにしたい。

母娘二代の海女——A家の場合

A（昭和一八年生）は、穴水町《あなみずまち》に生まれて、幼少期に海士町の漁家の養女となり、一三歳から海女漁を始めた。タライや浮き輪でイソナライ（漁の練習）をした。

養家では、沖合約二五キロにある七ツ島の御厨《みくりや》島に小屋掛けをして、漁期に移り住む。一六歳〜二〇歳まで七ツ島通いをした。小屋掛けは、春から夏までの間で、当時は三〇軒ほどが小屋掛けをして漁を行っていた。七ツ島ではアワビやサザエを生簀《いけす》に備蓄しておいて、輪島に買い物に戻るときにてんでんに売った。サザエは、おかずにする

ことも多かった。生簀は、木製の箱から笊《ざる》へと変化した。夏磯（夏季の漁）はタライを使った。ナマコを採る冬磯（冬季の漁）では発泡スチロール製の浮き輪を使ったが、浮き輪は、漁獲量が多いと沈んでしまうため、アワビやサザエなどを多く採る夏磯には適さなかった。

二〇歳ごろまでは白いサラシで作った褌《ふんどし》で潜っていたが、このころからウエットスーツを着る人たちが現れた。ウエットスーツを着ると潜りにくいと思う人もいて、ウエットスーツを着るか着ないかで、海女漁自体をやめる人もいた。ウエットスーツで身体が締めつけられると感じる人や沈むための錘《おもり》を身体に巻くことを負担と思うのは、それまで漁獲量が多かった比較的皮下脂肪のついている人が多かった、という。

その後は、二五歳で結婚するまで、親戚の船で七ツ島に通った。周囲から「漁が利く」といわれるようになった。

このころに、漁船の高速化が進み、七ツ島での日帰り操業が行えるようになった。四〜五人の乗合船で通う人たちが増えていった。また、結婚するまでの八年間は、漁期後は仲居として、金沢、富山、小松で働いた。昭和四四年に長女を出産した。その年から義母の灘廻り（行商）を手伝い始めた。

魚介をさばく主な得意先は、珠洲《すず》市飯田方面や生家のあった穴水町方面の農家で、リヤカーをひいてまわった。昭和四七年に次女を出産し、三二歳ごろまで灘廻りを中心とした生活を送った。アマダイやサザエなどを対象にした夫の刺網《さしあみ》漁の手伝いもした。昭和五〇年ごろから、夫は刺網漁の漁期が終わると冬場の出稼ぎでイカ釣り船に乗ったので、その間は義母と二人で灘廻りを続けた。このころには得意先は二〇〇軒ほどになっていた。その後、義母の得意先を引き継いだので、得意先は三〇〇軒を超えた。ワカメやカジメ、イワシやサバの糠漬けなどを行商したり、それらを米などと物々交換してまわった。こうして家族で働くことで、昭和五六年には中古漁船を購入し、六〇年には自宅を新築し、新造船を購入した。

舳倉島の概観（筆者撮影）

　この年から夫が船頭となり、海女漁を再開した。一九歳で海女になった長女をアイボウにして、海女漁をその後二五年間続けた。この間、平成二年ごろから七ツ島の磯焼けが始まり、主漁場が七ツ島から舳倉島に変わっていった。海藻が枯れてしまい、岩が真っ白になっていった。磯入組合では月に二回とか四回の休漁日を設けて漁場管理を試みたことがあったが、安定した水揚げを得るためには、舳倉島に行かなければならないような状況になってしまった。平成二二年に夫と死別したが、この年から舳倉島の周辺でも磯焼けが始まり、浅瀬から次第に枯れ始めた。それにともないサザエの漁獲量が減少し始めた。

平成二七年に、単独で操業するオモテドンに戻った。現在も七尾湾の磯の権利を買って、長女と一緒に冬のナマコ漁をしている。昭和五〇年ごろに、海士町の海女が七尾市石崎町の加工業者に雇われて七尾湾でナマコ漁を行ったことが契機となって、海女個人が直接交渉で磯の権利を買ってナマコ漁を行うようになった。ナマコ以外は採らない契約で、電話で海況の確認をして、車に数人の海女が乗り込み出漁していくという方法。ただし輪島漁業協同組合でもその実態は把握されておらず、漁場に関する情報なども公にはされていない。夫と死別した後は、長女が運転手とアイボウを兼ねることで続けている。

ウエットスーツと自家用車の存在によって可能になった操業形態で、「ライトバン海女」とよばれている。平成二七年は、モズクが大量にわいた。こういう意外性も海女漁の楽しみであるという。

Aの長女（昭和四四年生）は、昭和六三年、一九歳のときに海女を始めた。

中学校を卒業すると定時制高校に進学した。日中は父親と一緒に沖に出て、夕方から高校に通うという生活を送った。一九歳で高校を卒業し、一年間オモテドンとしてイソナライをした。母親のアイボウになり、海女漁の連携を覚え、すぐに同世代の三人ともアイボウになった。

清左丸に乗って七ツ島や赤崎、光浦などのジカタの磯をまわった。ジカタの磯には、半農半漁村で海女のいない磯が七カ所ほどあったが、ジカタをまわる操業だけでは儲からなかった。それで、新造船で刺網漁とナマコ漁をしていた父親に船頭になってもらい、ノリアイ（乗合）操業を始めた。父親が亡くなってからは、伯父さんに船頭を頼み、四〜五人で通いを始めたが、二年ほどで解散し、現在では母娘のアイボウ二組でのノリアイになった。三四歳で結婚したが、出産直前まで潜っていた。保育所で子どもを預かってくれるまでは漁を休んだが、ほぼ毎年漁に出ることができた。子どもは男子ばかり三人で、海女漁の後継者はいない。

一方で現在も、母親と一緒に冬のナマコ漁を続けている。ナマコは、業者に直接渡す。冬磯に行く人は五〇人くらいいるのではないか、という。また、ナマコ漁の時期の前に母親と灘廻りもしている。毎年のように得意先が減っていくのに加えて、同業者との競争も厳しくなってきている。季節労働をつないでいく生計の立てかたは、海女をすることができる海域を持っているということが前提となっており、そのことにより、海士町では女性が子育てをしながら周年で働くことを可能にしてくれている、と思っている。

妹は、最初から看護師志望だったので、海女としての訓練期間自体がなかった。妹の世代は、こうした職業選択が可能になっていた。

母の場合は、海士町外から養女として海士町に暮らすことになったことで、潜水漁に従事する権利を得ることができた。幼少期の里子《さとご》としての労苦については計りしれないところがあるが、潜水漁を核にして自立した女性としての生活を実現してきた。長女は、母の生きかたを継いだ。

この母娘の選択は、ジカタで暮らす家族による生計維持活動において、海女漁が果たしてきた役割の重要性を示している。母親は、夫の漁船漁業を夫婦で行うことを選択せず、娘が中学を卒業すると漁船漁業の補助を娘に委ね、確実に現金収入が得られる海女に専念することを選択している。自宅の新築と新造船の購入は、この選択の成果として実現している、といってもよい。これを実現するために、娘の進学先には定時制高校を選択し、娘が高校を卒業すると母娘でアイボウとなり、海女に特化した生活に切りかえている。母娘は、その後も、夏磯と冬磯とを共にするとともに、母が引き継いだ灘廻り先での商売をも二人で続けており、ジカタにおける海女漁を核とした家業の継承を図ってきたのである。

シンタクにとっての舳倉島――B家とC家

B（昭和九年生）は、海士町内の家の六人兄弟の末子として生まれた。母親は、海女をしていて、姉妹四人は全員が海女になった。姉妹で海女の稽古を始め、四人の姉妹が二組のアイボウになっていった。乗合船に乗るようになると、イチモンとよばれた親戚の船に乗るようになった。

漁獲額を乗船者で均等に分配する海士町の制度では、アイボウの人選も漁船の選択も血族を前提としていた。アイボウを組むことは、効率のよい漁獲方法であったし、互いの競争意識をあおるような面もあったので、海女漁の上達も早かった。周囲からオオアマとよばれるころになると、自分の漁獲量だけでなく、若い海女たちを育てることにも留意するようになった。

戦後、新制中学校入学が義務付けられ、Bの世代は新制中学校第一期生であったが、舳倉島では、中学校に入学することは各自の選択という扱いだった。彼女は海女を習うことにして、漁が始まるまで三カ月間だけ中学校に通い、その後は海女中心の生活を送ることになった。

結婚して本家のシンタクになったときに、夫と共に一〇年舳倉島で稼いでジカタに家を持つことを目標にした。シンタクにとって舳倉島は、こうした夢を実現させる場所だった。

舳倉島海域で操業する海女たち（筆者撮影）

昭和三七年に次女を出産後、家族で舳倉島に渡り、本家の小屋を借りて漁をしていた。舳倉島周辺の漁場にはクロアワビが多く生息していたため、良い稼ぎになった、という。長女と次女も中学校を卒業すると海女を始め、一定の漁獲量を維持できることから、島内の民宿などへの販売も行うようになった。夏磯の三カ月で、月収四〇万円以上の収入を得ることができるようになっていった。それらの蓄えによりジカタの医院跡地の一角を購入することができ、昭和四九年の暮れに八〇〇万円で新居を新築した。その後も増改築を行い、現在の住まいとなっている。娘たちの時代には、高校進学という進路選択は考えても実現の術がなかったが、ジカタに家を持つことで、孫たちの高校進学を前提とした生活が実現できるようにもなった。

Bの娘たちは、それぞれが海女を目指した。

長女（昭和三〇年生）は、中学校を卒業して海女を始めた。当時の舳倉島では、中学校を卒業したら海女になるというのが当たり前で、彼女も早く中学校を卒業して一人前の海女になりたい、と考えていた。とくに、シンタクの場合は、島から出たくてもジカタで暮らせる家がなかったため、高校に進学するということ自体が考えられなかった。進学を考えるようになったのは、妹が中学を卒業するころで、ジカタに住む家があれば高校に進学してもいいのかな、と思うようになったという。このころから、ジカタに家を持つことの意味が強く意識されるようになり、母と一緒に海女漁に励むようになった。舳倉島の周囲には三二ほどの漁場があるが、ウエットスーツを着るようになった昭和三九年ごろに、それまで潜っていなかった深い海域で、シンバエとよばれるアワビ漁場が発見され、漁場がひろがっていった。

舳倉島では、一つの浮輪を使って二人が交互に潜水するアイボウをするのは親子が原則で、「親子でさがる（潜る）」という言いかたをしていた。海女の稽古を終えて、「アイボウになってさがる」ようになると、一人前の海女の仲間入りができたことになった。一〇年ほど前から舳倉島居住者内でのアイボウはほぼなくなり、現在ではてんでんに潜るようになった。母親世代が高齢化し、娘が一人前になると、潜水深度や潜水時間にずれが生じ、アイボウとしての潜りかたの調子が合わなくなるためだ。一人で潜るほうが気ままでよいと思うようになってきた、という。

長女は、海女の稽古を始めたころから現在まで、舳倉島以外の漁場で潜ったことがない。毎年の漁の傾向は、漁期の初めはさまざまな漁場の様子を確かめるために島の周囲の漁場を巡回することが多いが、漁期の後半になる八月には、ほぼ一定の漁場を丹念に探す方法にする。海底の海藻の繁茂の様子などを確認しながら、その年のコメビツ（他の海女には教えない好漁場）になりそうな主要漁場を見つけていくのだ。

舳倉島の集落（筆者撮影）

婿を取り、昭和五五年、五七年、五九年（双子）と、計四女をもうけたが、娘たちはジカタの家から高校へと進学し、それぞれの就職先を得て誰も海女にならなかった。彼女は、結婚して子どもができて、「家庭を守らんならん」と思わないと海女としての本当の力はつかないのではないか、という。彼女は、四〇歳になった平成七年から、漁の様子を「さざえノート」として記録しているが、そうした気持ちがこのノートを記す動機となったようである。

Bの次女（昭和三七年生）は、中学校卒業後、一六歳のときから昭和六一年に結婚するまで、舳倉島で海女を続けた。夏磯が終わると、金沢、富山などの北陸圏の接客業の仕事に、海女仲間と連れだって出かけた。当時は、北陸圏の料亭などでは「海士町（舳倉島）の海女たちは行儀がいい（男漁りをしない）」と評価されていて、舳倉島の人しか雇わないという店が多くあった。そのために、海士町では若い娘たちだけでも安心して出稼ぎに出ることができた。

連れだって出かけていくのは、海でアイボウを組む同世代の友人で、互いをツレダチとよんだ。若い娘たちは、仕事を紹介してくれた先輩や親戚に恥をかかせてはいけない、という一心でよく働いたので、「海士町の娘が店に入ると繁盛する」という評判がたった。当時は、月収二〇万円のうち、一五万円を送金するという生活であった。婚出（タビニデル）により輪島市釜尾谷に住むようになり、海士町以外の海域で潜るようになっても、海士町出身者とアイボウを組むようにしている。

海女は、短期間の仕事で頑張ればその分だけ収入になるので、やりがいがあるという。その一方で、資源量が減ってきており、漁獲も減ってきている。海女になるのに一番大切な技能は耳抜きで、次に海底で探し続けようとする意識が大事。そして、海士町出身者では下の世代で海女になる人が減少しているが、海士町に嫁いできた人たちのなかでは、海女漁を始める人たちが増えてきてもいる。海女という仕事は、海士町出身の人しかできない仕事と思ってきたし、好き好んでやる仕事ではないという意識もあったので、海女漁に対する覚悟や意識にも変化があるのではないかと思うようになってきた、という。

Bの三女（昭和四二年生）も、中学校卒業後、すぐに海女漁を始めるが、耳抜きが上手くできなかったため、しばらくして陸にあがってしまった。

次に紹介するC家の娘たちは、Bの姪にあたる。彼女たちも、シンタクの子供として舳倉島で海女漁を始めた。四姉妹であるが、海女を続けたのは二人だけだった。

シンタクのC家は、長女が小学四年生のときに、七ツ島の御厨島に小屋掛けをした。長女は、その時期に海女の稽古を始めた。大きな石を抱えて潜っては、息こらえの練習や耳抜きの練習をした。島での遊びは、海女漁の練習のようなものだった。その後舳倉島に移住し、両親は夏磯が終わると土木工事の仕事に出ていた。

この長女（昭和二七年生）と妹（昭和三二年生）とは、B家の母娘とアイボウを交代しながら海女漁を続けてきた。直近の年長者が先生役になって、海のことを教えていったという。BとCの長女、Cの長女とBの長女、Bの長女とCの次女、そしてCの姉妹、というようにつながっていった。昭和五二年当時のC家の姉妹の水揚げの様子は、姉が記した「あわびサザエ帳」に記されているが、姉妹がアイボウとなって漁獲額を増やしていく様子が確認できる。

舳倉島では、昭和四二年ごろまで漁協支所が生サザエなどを水揚げしなかったので、一日の漁が終わるとサザエをつぶして麹漬けにする仕事もあった。このサザエは、おかずにしたり、定期的に輪島に持っていって売ったりした。Cの長女が海女漁で一人前に稼げるようになった昭和四三年ごろで、それまでのフタツメガネに加えて、ヒトツメガネが流行りだした。また、ウエットスーツはそのころには島内で普及していたが、足ひれは使われていなかったという。彼女が島で初めて使ったとき、周囲の人たちは足ひれを気味悪がった。足ひれをつけると、水中で潜水するときに船底を強く蹴ることができないため、誰もつけようとしなかったが、船底を蹴る以上に足ひれ自体に推進力があることが理解されると、次つぎに使用する人たちが増えていった。

昭和四一年には、両親が船外機船を使ってメバルの刺網漁などを始めていたので、彼女は自分でもその船を使って、姉妹や従姉妹を乗せて海女漁に行くようになった。昭和五二年には一家で民宿経営を始めたため、漁獲物は宿泊客用にも利用されるようになった。このころにトビロクとよばれた焼玉エンジン漁船を購入し、鯛網漁やサンダアミ（三枚網）漁や御厨島でのワカメ切りなども行うようになった。

Cの長女は、昭和五四年に輪島市平成町に婚出し、同じく町外に婚出したBの次女と同様の方法で海女漁を続けている。

Cの次女は海士町内の家に嫁ぎ、同家の乗合船で海女漁を続けると同時に、夫の漁船漁業にも携わっている。C家でも女子が四人もいたため、父親は、全員が海女になれば、と思っていたようだった。しかし、他の二人の妹たちは耳抜きが上手くできず、海女になることはなかった。舳倉島で民宿経営を始めたことで、そのための人手が必要となり、二人は自然と陸《おか》にあがってしまった、という。どうしても海女になる、という気持ちがあれば、耳抜きの課題は乗り越えられなくはなかったのだろうが、妹たちの世代には、海女以外の職業選択が可能になっていた。

B家とC家の事例は、シンタクがジカタに自宅を持つために舳倉島が果たした役割をよく示している。舳倉島に居宅を持っていたのは本家筋の家だが、シンタクとなった家には、本家筋の家や小屋を借りたりして、舳倉島に定住できるような仕組みがあった。そのため、シンタクは島での蓄財に集中できたのである。

また、昭和六〇年ごろまでは、島に娯楽施設はなく、商店も最小限の生活用品を扱う小規模なものがあっただけで、島で越冬するのに出費がかさんだのは、米代くらいであった。他の出費は、野菜・肉・酒代くらいで、漁船のローンなどがなければ、シケの合間での限られた出漁日数であっても、十分に生活していくことができた。「舳倉島で十年がんばれば輪島に家を持てる」という信念をシンタクとなった人びとは共有していたし、ジカタの人たちは「舳倉島にいる人たちは金持ち」と揶揄しながらも、シンタクを庇護するような関係を作っていたのである。

その前提となったのが、小資本で操業できた海女漁の存在であった。そして、海女漁に特化した生業戦略を可能にしたのが、周囲に磯根漁場が広がる舳倉島の存在であり、計画どおりの生業戦略を実現させたのが、舳倉島という孤島の生活環境であった。また、同族的な集団を形成することで、海女漁に関する知識や技術を蓄積させていくことができた。こうしたことから、舳倉島では、海女となる女性が多い家ほど、蓄財が可能になったのである。

家族戦略としての海女——D家の選択

季節労働である素潜り潜水漁は、家業との年周期の連続性が図りやすいという特性がある。とりわけ海士町自治会が実施している鑑札制度では、個人の申請により、家族内の生業戦略として臨時的に漁に参画できるという特性もあった。それにより、海女漁を恒常的な職業選択をするまでのつなぎの仕事として年単位で従事したり、男性が海士として参入できるのである。

D（昭和一〇年生）は、海士町内の家から婿に入った。当時は、海士町内で通婚圏が確立していて、海士町以外の人たちは半端者という意識が強く、配偶者は町内居住者から選択することが当たり前だった。九人兄弟の五人目で、学校を終えると福島県小名浜港船籍のマグロ漁船に乗り、北海道や小名浜などで旅稼ぎをしていた。結婚してからは、黒部ダム建設現場などで働き、昭和四三年に自前の船を持ち、主にメバル刺網漁を始めた。彼の妻はそれを機に、夫と漁船漁業に従事するようになった。それまでD家には、漁業の経験者はいなかった。現在まで漁船漁業と海女漁の船頭を続けてきているが、海女における船頭の役割は、監督のようなもので、海況や海底地形をよく理解していることに加えて、海女の行動を観察してそれぞれの個性を理解し、それらの個性に合うような漁場を選択しなければならない。その繰り返しにより、海女たちはそれぞれの自信を深めていくのだという。

Dの妻（昭和一三年生）は、昭和三四年に結婚するまで、家計を支えるために海女や出稼ぎなどをしていた。両親が離婚したため、母親は夏場には福井方面に潜水漁の出稼ぎに出たりしていたが、体調を崩してからは娘である彼女が家計の中心となり、一四歳から缶詰工場で働き始め、土木工事や行商などのさまざまな仕事に就いた。海女の稽古は、一つのタライに二〜三人でつながりながら、母親と同世代の人たちから教えてもらった。当時、一番難しかったのは、岩に張りついているアワビを見分けることだった。それでもオモテドンからアイボウに加えてもらったことにより、すぐに一人前の分け前をもらえたことがありがたかった、という。そして、仲間にしてもらえたことを申し訳なく思って、一生懸命に稼ぐようにもなっていった。昭和二八年ごろまでアワビが大量に採れて、「アワビは米で、サザエは麦」といわれた。

磯入組合の出漁（筆者撮影）

昭和三八年、二人目の子供を出産したのを契機に、二五歳のときに再び海女漁を始める。夫が自前の船を持ってからは、七ツ島まで通って本格的に海女漁をするようになった。この時期からウエットスーツが流行ってきたが、高価であったことや、当時の材質はかぶれやすかったことなどで、すぐには普及しなかった。また、その当時、海女として稼いでいた人たちは身体が太っていたため、ウエットスーツを着ると腕や肩の関節の自由が利かなくなることから、七分袖や半ズボンのウエットスーツを着用する例もあった。

同居している長男の嫁が海女漁を始めた際には、嫁が睡眠不足にならないように、孫の世話や家事の手助けをするようにした。昭和四七年に海女漁をやめて陸にあがっていたが、孫が海女漁を始めたときに、そのアイボウとして海女を再開し、現在はオモテドンとして漁に出ている。

D家の長男（昭和三八年生）は、高校を卒業して漁師になる。父親の船で仕事を覚え、二一歳で船頭となる。当時はヤナギ網でウスメバルやタイを獲っていた。その後、ノドグロの値が急騰し、網漁を中心とした周年操業が可能になっていた。

エゴ（エゴノリ）の単価がよかったときに、潜水漁を始める。海士町で三番目の海士となる。この当時は、海士に対しての鑑札制度はなかった。男が潜ってもそれほど採れないだろうと、いう判断であったらしい。

そのときに、輪島崎出身の嫁（昭和三九年生）も海女漁を始めた。平成七年ごろからエゴが高値であったので、夫婦でアイボウとなって潜水漁を始めた。当時は、漁船漁業の稼ぎよりも多くの収入が得られた。この夫婦の場合はこの期間だけの操業で、現在は夫婦で漁船漁業に従事している。

長男の嫁は、海士町外からの婚入者なので、海女漁を始めた当初は、周囲から興味本位でみられたこともあったというが、人並みに稼げることが周囲に分かると、何もいわれなくなった。当時は、海士町では女子が生まれると、「金持ちは生まれたときに決まる」というほど、子供の海女漁への適不適が話題になった時期で、輪島崎からの嫁が海女になることは、周囲の興味の対象になったという。最初はガリアマといわれるような量しか採れなかったが、輪島崎生まれといっても海のことを全く知らないわけではないので、足がつく場所のモズク（キヌモズク）採りから始めて、次第に潜ってサザエなども採れるようになっていった。始めてみると女のほうが根気があり、採りたいものが視界に入ると欲が出て、自然にそこまで潜れるようになっていった。家族に「勘がいい」とか「シアワセがいい」などといわれて、うまくだまかされてしまったような気もする、という。

D家の長女（昭和三六年生）は、昭和五七年に結婚後、平成四年ごろに体調を崩してしまった。海にでも行けば気が晴れるのではないかというような気もちで、夫とアイボウとなり海女漁を始める。海女漁を始めたことで海や海女漁の楽しさを知り、体調面も回復した。夫となら続けられるという自信がついて、現在まで夫と共に海女漁を続けている。海女漁を始めたころは、モズク採りがよい練習になり、誰に教わることもなく海女漁になじむことになった。アイボウは互いの様子をソラ（観察）しながら漁をするので、互いに励みになった。このころは、エゴが高値で取引されており、漁にみあうだけの稼ぎが得られたことも海女漁を続ける強い動機づけになった。

夫（昭和三三年生）は、御厨島で小屋掛けの生活をしていた経験があるが、当時は潜水漁に従事したことはなかった。平成五年ごろに潜水漁を始め、海士町で最初の海士となる。当時は、「漁師もせんで、海士をしている」と陰口をいわれたこともあった。D家の長女と結婚し、夫婦でアイボウとなる。義父であるDが船頭となり、現在も潜水漁に従事している。ナマコ採りやワカメ切りやカキ採りをしており、こうした漁でウエットスーツを着用していたので、海士として夏磯に参入することにも抵抗はなかった、という。夏磯が終わると、夫婦で延縄《はえなわ》漁を中心とした漁船漁業に従事している。

長女夫妻の娘（昭和六二年生）は、高校卒業後に定職を得るが、転職先を探すまでの二年間だけ海女漁に従事した。祖母（Dの妻）がアイボウになってくれたことで、海女漁の心得や技術を学んだ。

長女夫妻は、海女漁の時期はDに船頭を頼んでいる。そのため、自分たちの娘が海女漁を始める際にも、Dの妻が孫のアイボウとなって指導役になることも可能になった。Dの漁船で海女漁を行うことで、複数世代が性差を越えて潜水漁に関わるという家族戦略が可能になっていた。

一方で、Dの漁船は旧型船で速力がでないため、他の漁船のように舳倉島までの出漁を行うと実質的な操業時間が短くなってしまうことから、主要な漁場は七ツ島周辺になっている。

七ツ島では、「潮が止まると、サザエがわいてくる」という。七ツ島周辺で海女漁を行う漁船は、数隻であるため、一定の漁獲量は得られる。漁船能力の差異による漁場の棲み分けが行われていることになる。海女漁を続けていると、オオアマになれなくても何かしらの幸せはあるのだと、いう。Dの船の収入は、船頭、長女夫妻、油代で四等分している。Dの妻が乗船する場合は、オモテドンとして個別精算をしている。

D家の事例は、現在でも漁師と海女という性別分業が柔軟に選択されていることを示すものである。若い世代がツトメニン（勤め人）になることを選ぶようになった時代にありながら、家族内で役割を分担することにより、家業を継承することを可能にしたのである。そして、それを実現するための選択肢の一つが、海士として潜水漁に参入するということだった。

海士町における潜水漁継承の背景

複数世代が潜水漁に従事している三家族を事例に、各家族の潜水漁との関わりかたを概観してきた。

潜水漁に従事してきた海士町の人びとの生きかたは、それぞれの家で生計維持活動として選択された戦略に適ったものであったことが理解できる。

海士町においてこのような選択が可能になった背景について、潜水漁の特性と潜水漁をめぐる自然的環境・社会的環境に分けて確認しておきたい。

㈠海士町における潜水漁の特性

海女に必要な身体的要件は、心臓が強く、息が長く、視力がよいことだといわれている。これらの身体的要件は天性のものに加えて、子どものころからの鍛錬によって向上されていく面もあるが、概して、加齢にともない低下していくものである。それに対して、経験を積み重ねることで習得する採捕技術は深まり、漁場に関する知識は豊富になっていく。両者は個人の経験に応じて蓄積されていくものである。一般に潜水漁は、加齢による身体的要件の低下を、蓄積されていく技術や知識で補うことで、高齢期を迎えても熟練状態を維持することができている。

海士町では、三種類の海女がいるといわれている。なんとなく潜っている海女、船頭にいわれるまま潜る海女、自分で考える（船頭に指示が出せる）海女の三つである。この分類は海女たちが一人前になる過程を表しているともいい換えることができる。海士町の海女漁の特性として、海女が一人前になるまでの間、海女漁の技術や漁場に関する知識の伝達が同族間で行われていることがあげられる。三重県や千葉県などでは、漁場までの移動に同じ船に乗り合わせることがあっても、海女漁自体は個人単位の漁となるため、母娘であっても互いの漁の様子などをつぶさにみるような機会はない。

海士町特有のアイボウとオモテドンという制度は、同族内での協働作業であると同時に、同族内での教育制度であり、継承制度でもある。初心者のオモテドンが年長者とアイボウとなることで、一人前の海女となるための技術や知識を習得する。そして、一人前の海女となると、それらを直近の同族者に伝えることを繰り返す。アイボウとなる海女とは収益を均等に分配するため、互いが切磋琢磨する状況を自分たちで創り出し、両者の漁獲量を増加させていったのである。

海女漁は、加齢によって熟練へと展開する全人的な労働である。加齢などにより同族者とのアイボウが難しくなった場合は、同世代の友人とアイボウを組むなどの選択をし、高齢化によりオモテドンにもどってからも、孫世代が参入してくれば、彼女らの教育係としてアイボウに復帰することにもなる。海士町で海女漁に従事するということは、女性たちが同族内で循環的につながっていくことになり、同族内で資源利用と管理とを完結させることになったのである。こうした同族を単位とした漁場利用は、結果的に同族集団間での漁場の棲み分けを実現し、広域海面での巧まざる資源管理の役割を果たしていくことになった。B・C家やD家の事例がこのことをよく示している。

なお、海士町には、他県の海女集落でみられるような海女小屋は存在しない。舳倉島では自宅からそのまま出漁することになるし、海士町から出漁する磯入り組合の乗合船は、防寒避暑や休息のために船体後部をテント仕立てにして一定空間を囲い、舳倉島までの移動時間を海女小屋のように過ごせるようにしている。

㈡海女漁と自然環境

海士町の海女漁を存立させてきた要件には、広範囲にわたる磯根漁場の存在がある。海士町のジカタの磯に加えて、七ツ島、嫁礁、舳倉島という広範な磯根漁場において展開してきた海女漁は、他県でも例がない。ジカタの磯根を中心にしながら、沖合の舳倉島では海女漁に集約した漁場開発が行われ、昭和三〇年代まで一斉渡島が行われていた。また、七ツ島の御厨島でも小屋掛けによる渡島が行われていた。

海士町の女性たちは、六月から一〇月まで海女漁に特化した生活を送り、一一月からは灘廻りの行商や旅館などでの接客業に従事することで、一年間の生計維持活動を成り立たせてきた。そしてその暮らしは、陸に耕作地などの生産手段を持たない沿海集落のなかでも、特異な存在だった。海士町では、陸の仕事仲間も潜水漁のアイボウの関係が基礎になっている。これもまた、厳しい海況での潜水漁を安全に行うための工夫なのである。

現在では、漁船の速力の向上に応じて、広域漁場の利用方法にも変化が生じている。舳倉島を拠点とする海女たちに対して、海士町から乗合のテント船で出漁する海女たちは、日帰りで七ツ島周辺に出漁していた時期を経て、漁船の高性能化により、かつて四時間かかった舳倉島までの移動が、片道一時間三〇分で行けるまでになっている。現在では、ヒトシオ（九時三〇分～一三時三〇分）だけの漁に変更されており、漁港での水揚げ時刻から逆算しての操業時間が設定されるようになった。広域漁場を目的に応じて使い分ける時代が終わり、舳倉島周辺の漁場で海女漁が集約的に行われているのが現状である。

(三)潜水漁と社会環境

海士町では、同族集団が前提となって、家族単位での海女漁の継承が図られている。そして、海士町において海女漁が社会保障制度のような役割を担うことができたのは、海士町自治会の存在があったからである。

海士町の海女漁は、歴史的な背景を有するとされているが、現在でも、海女漁の存立のために自治会主導による一元化した資源管理が行われている。その事由は、鑑札制度を介して海女たちに資源管理や資源維持についての啓蒙活動を行っていることに加えて、時代の要請に応じた現実的な判断を、自治会の申し合わせとして行ってきたという面にもある。長男が親の漁業権を世襲するのは一般的であるが、海士町では次男以下でも娘でも、分家してシンタクになれば漁業権を認める取り決めがされていた。また、離別して実家に戻った場合は、「一代限りの権利」として、漁業権を認めるようにしてきた。自治会は、海さえあれば食べていける、という考えかたを基本にして、漁業権を調整し、資源利用を一元的に管理し、海士町全体を覆う一種の社会保障制度の役割を担ってきたのである。

海士町の人たちが複数世代で暮らしていける関係を維持していくために、女性たちが複数世代でつながっていく海女漁は、欠くことのできない生計維持活動であった。そしてまた、海女漁を存立させるためには、自治会の存在が不可欠であった。

㈣ツレとアイボウ

休漁期間中に、海女たちが連れだって旅館等に出稼ぎに行く慣習がある。その背景には、ツレとよばれる制度の存在がある。

ツレとは、海女たちだけでなく、海士町の人びとをつなぐ制度なのである。そして、この制度は、先述したように、旅漁から始まった海士町での集落や集団形成の核となった連帯制度と考えられる。

海士町には、年齢階梯的な制度が根強く残っているが、その中でもツレという制度は、同世代の青年男女が気の合う仲間同士で声を掛け合って、自律的に形成する組織である。兄弟姉妹よりも結びつきが強く、その関係は墓場に行くまで続く、といわれている。この同世代の関係は、加

アイボウ（筆者撮影）

齢にともない自治会などの町内の運営にも影響を及ぼすことにもなる。ひとつのツレは一〇名から二〇名で構成されており、各世代のツレが重層的に海士町の運営を支える組織としての役割を果たしてきたことになる。

ツレは、次のようにして作られていく。海士町の子どもたちはほとんどが漁師の後継者であったため、小学校を卒業するころには漁の訓練が始まる。漁の実際をおぼえていく過程で、同年代の数人が図って一〜二歳上下の男女に声を掛けて、賛意を得られた中から選択してツレとなる仲間を作っていく。時化《しけ》のときや正月などに、声を掛けあってツレの誰かの家に集まり、男女がそれぞれの立場から知り得た地域内外の情報を伝えあった。こうした過程を経て、一人前の漁師として町内での発言が認められる存在になっていったのである。

また、ツレの果たした大きな役割の一つが、配偶者を仲介するということであった。漁を中心とした生活では、配偶者となる異性と出会ったり、縁談を進めていくことが難しかった。そうした状況を、ツレという集団が仲介していった。同じツレどうしの場合でも異なるツレであっても、当事者の意向を確認したうえで両家に赴き、縁談が成就するように働きかけるのである。海士町では、基本的に町内婚が前提とされていた。なぜなら、漁業権を維持することで、集団としての結束を保つ必要があったからである。とくに、潜水漁により生涯にわたり現金収入を得ることが期待される娘の婚出には、慎重な判断がなされた。一方で、前述したようにシンタクであっても、稼ぎのよい海女が婚入すれば、大きな収入源になる。町内のいろいろな情報を共有しているツレが、縁談に際しても重要な役割を担ったのである。

こうしたツレから派生したのが、ツレダチと互いを呼び合う複数の海女たちの関係性であり、集団全員の漁獲額を全員で分配するアイボウという制度なのである。

海女たちの行方

鐘崎の海人たちが能登半島にやってきてから、約四五〇年が過ぎたことになる。前述の四家族の家族史をふりかえってみると、海を生活空間や生産空間としてきた海人の生きかたが継承されていることがうかがえる。

一方で、その生きかたが大きく変わろうとしている。全国で展開してきた潜水漁は、特殊な生業というよりも、沿海地域で生活する女性たちが複合的に年周期の生産活動を行おうとした際に、最も理にかなった季節的な生産活動である。「海女しかなかった」と口にする海女たちが多いが、むしろ、「海女として生きてこられた」から、今日にいたる生活が維持できたのだといえよう。

海女は、集団による操業が基本である。協力を前提としたこの操業形態が、過度な資源利用を相互に規制する意識をはぐくんできた。海女たちが有する集団性、あるいは共同性といったものが、巧まざる資源管理を可能にしてきたのである。こうした海女の生きかたは、競争を前提とする漁業のありかたにおいても特異な存在である。また、海女たちは、全人的な個人の力量により互いを評価する一方で、自分自身も他者から一人前の海女と評価してもらえるように努力している。海女漁をとおして形成された関係性は、海を離れた日常生活においても通底している。高度経済成長期という競争を前提とした時代にあって、海女集団として限られた資源を利用しながら生活しなければならなかった状況を、ともに乗り越えてきたのである。海女漁で結ばれた女性たちによって、この地域の安寧が保たれてきたともいえる。

このような海女漁の特性を最大限に生かしたのが、海士町の海女たちだった。七ツ島や舳倉島を海女漁の緩和空間とし、そこで得られる資源を最大限に採捕できる手段として、アイボウという方法を駆使する。さらに、海女の漁期以外の年周期活動を効率よく行うために、ツレで灘廻りの行商や旅館の仲居などの仕事にでる。他所を生活や生産の場とする生きかたが、ジカタである海士町での定住生活を実現させてきたのである。

こうした、生活空間や生産空間を移動させる方法は、海士町を拓いた海人たちの生きかたを継承しているように思える。一方で、高度経済成長期に生まれた世代以降の人びとは、海女によって生計を立てるということが、必ずしも選択肢とはなっていない。昭和二三年に施行された現行民法の影響により、世代交代を経験する過程で、各家族内での家の継承に対する意識が変化していったことや、「ジカタに居宅を持つ」という夢が実現し、子女の高等学校などへの進学が叶うようになったことで、進路の選択肢も拡がっていったのであろう。

最後に、海士町の海女をめぐる大きな変化について述べておきたい。

海士町の海女漁における最大の技術革新は、漁船の高速化である。それが顕著になったことで、海女にとっての緩和空間であり、磯根資源のストック空間であった七ツ島と舳倉島周辺の漁獲物を、海女たちが乱獲するような状態が続いているのだ。その結果、現状では、七ツ島への出漁はほぼ皆無となっており、舳倉島においても、口開け前に磯入組合の乗合船が舳倉島の主要漁場を埋め尽くすような光景が現出している。その合間を、舳倉島の船外機船が操業する、というような漁場利用となっている。

漁船の能力が劣っていた時代には、それを補うように機能していたアイボウという採捕方法も、漁船が高速化したことにより、磯根資源に対して、不断に捕獲圧をかけ続けることになってきている。互いを助け合うためのアイボウの分配方式が、集団内でみんなの足を引っ張ってはいけない、という意識をかえって生じさせ、海女たちが採捕努力をし続ける結果になっているのである。また、海女の後継者の不在が、磯根資源の維持や管理に対する意識を希薄化していくことも危惧されている。舳倉島漁場は、海士町から出漁していく磯入組合の人たちにとっては出漁先だが、舳倉島居住者にとっては、自分たちの地先の漁場である。両者間での資源管理に対する意識の差が、顕在化し始めているのである。

島渡りという「旅」を続けることで永年に亘って維持されてきた海士町の暮らしは、その旅が終わりかけたいま、大きく変わろうとしている。

参考文献

石川県立郷土資料館編『海士町・舳倉島――奥能登外浦門俗資料緊急調査報告書』一九七五年
宮本常一『離島の旅』宮本常一著作集 三五 未來社 一九八六年
岩崎才吉 新田哲夫編『輪島海士町・舳倉島の暮らし』金沢大学人間社会学域人文学類 二〇一五年
石川県編『平成二六・二七年度海女習俗調査報告書――輪島における素潜り漁及び関係する習俗』二〇一六年

四章　出稼ぎの旅

松田睦彦

出稼ぎとは何か？

出稼ぎとはどのような働き方、暮らし方のことをさしているのだろうか。あらためて出稼ぎとは何かとかんがえてみると、簡潔に答えるのはなかなかに難しい。

そこで、これまで出稼ぎの研究をリードしてきた分野のひとつである社会学における出稼ぎの定義を確認してみよう。たとえば、社会学者の渡辺栄と羽田新は、『出稼ぎ労働と農村の生活』で出稼ぎをつぎのようにさだめている。

生計（家庭経済）の必要を満たすために、一定期間生活の本拠（家）を離れて他地で働き、しかる後に必ず帰ってくるという、一時的回帰的な離村就労形態ここでポイントとなっているのは、自分の生活の基盤となる土地や家があって、そこでの生活に必要な金銭をえるために働きにでるという経済的な動機と、必ずそこにかえってくるという前提である。

では、なぜ本拠地での生活をよそに働きにでることでみたす必要があるのか。そこには、日本の多くの農山漁村の生活は貧しく、自分が住む土地の生産だけでは、生計をたてることができないという前提がある。出稼ぎという言葉が、何かもの悲しい雰囲気をただよわせていることの理由は、ここにありそうである。

また、人が日々の暮らしをいとなむ場所をあとにするということは、たとえ短い期間であったとしても、家族が、友人が、恋人が離ればなれになることを意味する。それがうまれそだった故郷であれば、悲しみはなお深い。さらに、出稼ぎが稼ぎをもとめるものである以上、肉体的にも精神的にも、それなりの苦労をともなう旅が想像される。根本的に、出稼ぎに明るいイメージはそぐわない。

これまでの社会科学系の学問による研究やマスメディアによる報道では、出稼ぎのこうした負の側面がとりわけ強調されてきたようにおもわれる。

たとえば、農業経済学者の宮出秀雄は、『農村潜在失業論』のなかで東北地方の戦前の漁業出稼ぎをとりあげて、日本の漁業は、東北地方を初めとする積雪寒冷単作地帯の余剰労力、潜在失業人口を対象として成立しており、又これら単作地帯の下層零細農は、漁業労働への出稼ぎ収入を目当てにして生活を維持存続している。

と説明している。つまり、日本の漁業は東北地方や北陸地方の貧しい農家による出稼ぎを前提にしてなりたっていて、それらの地方の農家の生活もまた、漁業出稼ぎなしではなりたちえない、という指摘である。事実としてそうした側面があるにしても、「積雪寒冷単作地帯」、「余剰労力」、「潜在失業人口」、「下層零細農」といった言葉は、出稼ぎの暗い背景を強調する重い響きをもっている。

また、高度経済成長期以降の出稼ぎについては、経済学者の大川健嗣が『戦後日本資本主義と農業』で、「出稼ぎ研究の今日的意義」としてつぎのようにのべている。

国家独占資本主義体制下の戦後日本資本主義が、自らの資本蓄積過程の中に産業としての日本農業および地域としての農村をいかに位置づけ、かつそれを収奪対象としていかに『再編』してきたのかを解明する。

もちろん、こうした社会科学系の分野による研究は、近代日本の国家的な経済体制を、庶民の側にたって批判的に検証しようとするものであって、過剰な悲観主義とは区別されるべきである。しかし、これらの研究でとりあげられた出稼ぎが、あたかも出稼ぎのすべてであるかのようにとらえられ、出稼ぎ＝不幸という図式が形成されてしまったこともまた事実である。

その図式をさらに強固なものにしたのは、マスメディアであろう。ニュースやドキュメンタリーをはじめとして、一九六〇年代から一九七〇年代にかけて制作された番組では、出稼ぎ労働者をおくりだす村の貧困や都会での過酷な労働が、かなりおおげさに表現される。

たとえば、一九六七年にＮＨＫが制作したドキュメンタリー『半年もぐら』では、冬の半年間、東京の地下鉄工事の現場で働く下北半島の東通村の人びとが描かれる。画面には、華やかな東京の繁華街に対して、薄暗い地下鉄工事の現場、そしてうら寂しい故郷の風景が対比的に映し出される。働き盛りの男手をうしなった村では、妻や子供、そして年寄りたちが小さな畑をたがやし、細々と暮らしている。海岸によりついた海藻をあつめる作業では毎年のように死者をだし、この年、村は大火事にも見舞われる。東京に働きにでた男たちは、苦労して稼いだ給料のほとんどを故郷に送金する。

もちろん、出稼ぎ労働者のたいへんな苦労が日本の高度経済成長をささえたことを否定することはできない。また、その出稼ぎ労働者の多くが、雪や寒さのために冬場の仕事が思うようにできない東北・北陸地方の出身者であったことも事実である。しかし、出稼ぎの不幸な側面が強調されるあまり、時代的にも地域的にも広くおこなわれてきた出稼ぎのありようを、そして、出稼ぎにたずさわってきた人びとの多彩な働き方を、見おとしてきたこともまた事実であろう。

したたかな出稼ぎ者

ここで、ひとつの例として、平成一五（二〇〇三）年に私が調査をした青森県西津軽郡鰺ヶ沢《あじがさわ》町の人びとの、出稼ぎに対するしたたかな姿勢をみてみよう。

鰺ヶ沢町の人びとの出稼ぎは、悲劇的なイメージでつたえられがちな東北地方の出稼ぎのひとつではあるが、現地で細かな情報をあつめ、当事者の話にじっくりと耳をかたむけてみると、出稼ぎにたずさわってきた人びとがけっして国家や企業から搾取されるばかりの非力な存在ではなかったことがみえてくる。

鰺ヶ沢町は青森県西部、津軽半島の根元に位置している。町の北西部は日本海に面し、南部は岩木山や白神山地とせっしている。鰺ヶ沢町の産業は、もともと農業を中心とした第一次産業の比率が圧倒的に高く、昭和三〇（一九五五）年には全産業のおよそ六割を第一次産業がしめていた。しかし、しだいにほかの産業、とくに第三次産業の割合がまして、四〇年後の平成七（一九九五）年には両者が逆転している。

鰺ヶ沢町から出稼ぎにでたのは、第一次産業に従事する人びと、おもに農業や林業をいとなむ人びとであった。鰺ヶ沢町の出稼ぎは江戸時代の松前（北海道）へのニシン漁にはじまったとされ、大正時代にはそれが樺太やカムチャツカにまでひろがった。昭和初期の恐慌のさいには、このニシン漁の出稼ぎがさらにさかんになったほか、女性も、茶摘として静岡の茶どころに、女工として大阪の織物工場に出稼ぎにでるようになったという。

それに対して戦後の出稼ぎは、東京・神奈川・埼玉・千葉といった関東地方の都市部を中心に展開する。職種は建築業が九割をしめた。まさに「半年もぐら」の世界である。しかし、鰺ヶ沢町に残された資料の分析や、実際に出稼ぎを経験された方のお話をとおしてうかびあがるのは、これまでのイメージとは異なる、出稼ぎに従事する人びとのしたたかで積極的ないきざまであった。

たとえば、出稼ぎにでようとする人びとはどのように仕事を探していたのであろうか。じつは、出稼ぎがさかんにおこなわれていた昭和三〇年代から五〇年代にかけては、働き手側の圧倒的な売り手市場だった。ときはまさに高度経済成長のまっただなかにあり、企業にとって労働者の獲得は死活問題だったのである。そこで、建設会社などの人事担当者は、直接、地方にでむいて出稼ぎ労働者の募集活動をしたのだという。それも、ただ説明会をひらくといっても人はあつまらない。旅館で宴席をもうけて、飲み食いをしながら交渉したのだ。話がきまれば、その場で手付金がわりの交通費までわたしたという。企業側も必死である。

ただし、一度話がきまったからといって、続けて何年もおなじ会社に出稼ぎに行くとはかぎらない。翌年も満足のいく賃金がはらわれるか、飯場のすみ心地は快適か、だされる食事はうまいか、現場責任者の人柄はよいか。ほかの会社に出稼ぎにでている親戚や知人からの情報を参考に、いまの自分の状況に納得がいかなければ、よりよい労働環境をもとめて職場をかえたのである。選択する権利は出稼ぎ労働者の側にあったのだ。

もう一点、興味深いのは、出稼ぎ労働者が国の社会保障制度をどのように利用していたかである。出稼ぎ労働者は出稼ぎをおえるさいに失業保険の給付をうけていた。この収入が出稼ぎにでることの大きな魅力となっていたのだが、この失業保険制度が雇用保険制度へと変更されるさいに、出稼ぎに従事していた人びとは、ひとつの選択をせまられた。

昭和二二（一九四七）年にはじまった失業保険制度は、労働者が失業した場合に、その生活の安定をはかるための失業保険金をしはらう制度であった。これは、雇い主に対して圧倒的に弱い立場にある労働者をまもるための、とても画期的な制度であった。しかし、出稼ぎ労働者の季節ごとの失業ははじめから予定されたものであり、毎年失業をくりかえす出稼ぎ労働者が、失業保険金の給付対象となることは、早くから問題とされていた。

そこで、昭和四九（一九七四）年に失業保険制度にかわって創設されたのが雇用保険制度である。雇用保険制度では、出稼ぎ労働者を一般の失業者と区別したので、給付額が大幅に減額されたのである。

注目したいのは、失業保険制度から雇用保険制度へと制度がかわったときに、鰺ヶ沢町の人びとがどのような対応をとったかである。それまで、およそ半年間の出稼ぎをしたあとに、退職金のように必ずうけとることができた多額の給付金は、もちろん日々の生活をささえる収入となっていた。その減額は生活を直撃する問題である。この危機を鰺ヶ沢町の人びとはどうのりこえたのであろうか。

その対応は、鰺ヶ沢町のなかでも水田稲作を中心とする地域と、リンゴ栽培を中心とする地域とでわかれた。

制度が変更された一九七五年以前、水田稲作を農業の中心とする地域では、田植えがおわる六月中旬から出稼ぎにでて、盆に一週間、一〇月末の稲刈りに一カ月ほど帰郷し、正月前に出稼ぎをおえたという。およそ半年間の出稼ぎである。それが一九七五年以降には、三月の苗代《なえしろ》づくり、六月の田植え、盆、正月のほかは、つねに出稼ぎにでている状態になる。つまり、季節型の出稼ぎから通年型の出稼ぎへと変化したのである。これは、給付金をうけとることをあきらめ、出稼ぎへの専念をえらんだことを意味している。

これに対して、リンゴ栽培を農業の中心とする地域では、リンゴの収穫をおえた一一月ころにでかけて、リンゴの木の剪定や農薬の散布の作業がはじまる三月ころに帰郷する季節型の出稼ぎが、一九七五年以前も以後も、一貫しておこなわれた。

こうした対応の違いには、圃場整備や機械化がすすめられることによって、水田稲作が以前にくらべて手間のかからない農業に変化したのにたいして、リンゴ栽培には木の剪定、果実の間引きや袋がけ、収穫といった、機械化することのできない作業が多いということが影響している。

また、矛盾した話ではあるが、水田稲作では機械化がすすむにつれて、その機械を購入するための現金が必要になった。その現金をえるために、出稼ぎの収入をふやす必要がしょうじたのである。一方のリンゴ栽培は、一九七五年に新品種「つがる」が登場したことで、産業としてのもりあがりをみせる。その影響で出稼ぎへの依存度は減少し、制度の変更による収入減をリンゴ栽培でおぎなうことができたと考えられるのである。

ここで重要なことは、鰺ヶ沢町の人びとが失業保険制度や雇用保険制度をうまく利用していたということ、そしてその制度が変更されたときには、当時の自分たちの状況におうじた働き方を主体的にえらんでいたということである。ここには、搾取されるだけのかよわき農民の姿はない。そしてこのしたたかさは、鰺ヶ沢町の人びとだけにみられるものではなかったはずである。

柳田國男と出稼ぎ

日本の民俗学を創始した柳田國男は、もとは農商務省につとめる官僚であった。農政官僚の仕事は、農民の生活をよりよくするために、政策や法令などを研究して、制度をととのえることにある。明治三三（一九〇〇）年に大学を卒業して農政官僚となった柳田がとりくんだのも、農村の貧困の改善であった。そうした意味で柳田は、出稼ぎを社会問題という視点からあつかった、のちの経済学や社会学に近い立場にあったといえる。

しかし、柳田の独創性は、出稼ぎをふくめた人の移動を、その歴史からとらえなおして、積極的に評価しようとしたところにある。日本の近代化とともに台頭した寄生地主の支配から農民を

柳田國男（明治41年頃、写真提供：成城大学民俗学研究所）

解放するにはどうすればよいのか。農村にあふれかえる余剰人口をどう活用したら、国のためにも、農民自身のためにもよいのか。その解決の糸口を、人びとが歴史的にくりかえしてきた、仕事をもとめて移動するという行動にもとめようとしたのである。それが柳田のかかげた「労《ろう》力《りょく》配《はい》賦《ふ》の問題」であった。

柳田にいわせれば、日本の都市というのはことごとく、もとは農民として暮らしていた人びとによってつくられたのである。日本の都市の多くは中世以降に新しくつくられたものであって、近代になってから開かれた都市も少なくない。都市というものは人があつまることによってはじめて成立するが、都市をつくりあげた人びとはどこからきたのか。『都市と農村』のなかで、「如何なる時代に於ても、労力は常に農村の主要産物の一」つであった、とのべているように、柳田は、都市をつくり、発展させた人びとの多くは、農村からやってきたと考えていたのである。

柳田によれば、都市をつくりあげた農民は、はじめは片足を故郷にのこしながら都市で働き、仕事がすすめば故郷へ帰るという生活をおくっていたという。しかし、やがてそのなかから都市にとどまる人がでてくる。近代にはいるとそのような人はさらにふえるが、同時に、故郷の農村では慢性的に労働力をもてあますようになっていて、もう彼らのもどるべき場所はうしなわれていた。また、都市での生活が長くなればなるほど、故郷の人びととの心の距離も離れてしまう。そうなってしまうと、「たとへ錦を着て」かえっても、もう、もとのような村びと同士の関係にはもどれないのである。柳田はこれを「半代出稼の悲哀」とよんでいる。

農政学者、柳田國男のもくろみは、こうした稼ぎをえるための人の移動を、政策の力によってコントロールして、農村にあまる労働力と、都市で不足する労働力というふたつの問題を、同時に解決しようというものであった。

柳田は、『都市と農村』の最後の章で、「労力配賦の問題」がたどりつくべき三つのポイントをかかげている。すなわち、「働かうといふ者には何時でも仕事のあること」、「罷《や》めたいと思ふときに罷《や》められること」、「此職業の選定に付いて、人が自分の為にも又世の中の為にも、最も正しい判断を下し得るだけの知慮を具へること」、である。

現代でも十分に通用するこれらの指摘は、柳田の農政学のひとつの到達点とすることができるだろう。

しかし、こうした考えをまとめたとき、柳田はすでに農業政策の現場を離れてひさしく、柳田自身の手でこれらの実現にむけた施策がなされることはなかった。ただ、三番目にあげられた、人びとが自分の生き方について正しい判断をくだす力をそなえなければいけないという思いが、柳田によって自らを省みる学問とさだめられた民俗学へとうけつがれたことは重要である。

人びとが自身のおかれた状況を理解し、よりよい未来をえらびとるためには何が必要か。柳田がみいだしたのは、人びとが自分自身の歴史をしること、つまり、いまにいきる私たちの暮らしや考え方が、過去からのどのような影響をうけてなりたっているのかを、私たち自身がしることの重要性である。こうした発想が、「労力配賦の問題」から発展して、民俗学というひとつの学問を形成するまでにいたったのである。

若し此出稼労働者の配分を解決せずして、農村人の都会入りを阻害するならば、町と村とに住む労働者の競争は愈々《いよいよ》激しくなる許りで、我国の労力配賦を順調にする道は甚だ困難となりはしまいか。（中略）以前は如何なる状態の下に之がどう動いてゐたかと云ふ事を、出稼ぎといふ現象より一応は歴史的に考へて見る価値も亦茲《またここ》に存したのである。

このように柳田が『明治大正史世相篇』にしるしたのは、昭和六（一九三一）年のことである。柳田が日本民俗学初の理論書である『民間伝承論』を発表する、わずか三年前のことであった。

生活のなかの出稼ぎ

民俗学における出稼ぎという視点は、民俗学的な調査のさきがけとして昭和九（一九三四）年から昭和一二（一九三七）年にかけておこなわれた、いわゆる「山村調査」（正式名称は「日本僻阪諸村における郷党生活の資料蒐集並に其の結果の出版」）に、すでにみることができる。柳田國男を中心として組織的におこなわれたこの調査は、あらかじめ一〇〇項目の質問が印刷された『採集手帖』をもった調査者が、全国六六カ所の村々をまわり、質問への回答をかきしるすというものであった。

この『採集手帖』の質問には、直接的に、あるいは間接的に出稼ぎを意識したものが用意されている。たとえば、昭和一一（一九三六）年の『採集手帖』にはつぎのような質問項目がみられる。

14　出稼には今までどの方面へ多く出ましたか。
▽時をきめて行き又帰って来たもの、例えば酒屋のトウジ、茶摘み女の様なものに特に注意する。

15　外へ出て成功した人がありますか。
その人たちは終始通信をして居ますか。
村の者をよく世話をしてくれますか。
▽外で成功した人に対する村人の感情を知りたし。

16　外に久しく出て居て此頃帰って居る人がありますか。
○その人たちはどういう風に世間を評して居ますか。
○之に対する村の人々の感情はどんなですか。

○婦人の場合はどうですか。

山村調査の最終報告書である『山村生活の研究』に「出稼の問題」をまとめた鈴木棠三《とうぞう》は、全国の出稼ぎを「季節的出稼」と「季節的ならざる出稼」にのふたつに分けて分析している。

鈴木の分類では、「季節的出稼」には杜氏《とうじ》・北海漁夫・養蚕手伝・農業手伝などがあげられている。これらは、冬に集中的におこなわれる酒造りの作業にやとわれる杜氏の出稼ぎに代表されるように、漁業なら特定の漁期に、農業なら農繁期に、期間を区切ってやとわれる出稼ぎである。

一方の「季節的ならざる出稼」にあげられているのは、女工・女給・酌婦《しゃくふ》・炭鉱夫・炭焼・山仕事などである。いずれも期間を限定せずに一年をとおしてやとわれる仕事や、仕事につかう原材料や商品をもとめて移動をする仕事である。

鈴木のあげた出稼ぎの例をみてもわかるように、この当時から、社会問題としての出稼ぎは注目をあつめていた。北海道への漁業出稼ぎ、工業地帯への女工の出稼ぎ、疲弊した農村からの娼妓としての出稼ぎ。『山村生活の研究』では、そうした社会的なひずみのあらわれとしての出稼ぎをその視野のうちにおさめながらも、これまで注目をあつめることのすくなかった、歴史的に人びとの日常生活の一部をになってきた出稼ぎの存在をうかびあがらせたのである。

大工・石工・野鍛冶《のかじ》・行商・捕鯨・奉公など、「山村調査」をきっかけとして表舞台にあらわれたさまざまな出稼ぎについての探究が、その後の民俗学だけでなく、歴史学や人文地理学、社会学といったほかの学問にあたえた影響は大きいはずである。

そしてもう一点、この「山村調査」で注目したいのは、『採集手帖』に出稼ぎの有無やでかける地域をたずねる質問ばかりでなく、働きにでて成功した人と村に残った人との関係や、出稼ぎからもどってきた人と村の人との関係についての質問があるということである。柳田はなぜこのような質問を用意したのか。

それは、出稼ぎがたんに外部の社会から収入をもたらすばかりでなく、新しい情報をもたらす仕組みでもあると、柳田が考えていたからである。つまり、柳田は、閉鎖的な村社会に変化をあたえる要因のひとつとして、村の外にでて働くことをとらえていたのである。

社会学者の鶴見和子は『漂泊と定住と』のなかで、柳田が民俗学の対象とする人びと、つまり「常民」を、

> 書きことばよりも話しことばによって生活し、一定の土地に定着し、古くからの伝統を継承し、さらにそれをみずからの知恵をもって時間をかけて作りかえてゆく国民の大多数をしめる被治者。

とさだめたうえで、その「常民」の生活が変化するきっかけについて、つぎのように論じている。

一方では、定住民としての常民は、漂泊民とのであいによって覚醒され、活力を付与される。また他方では、ひごろは定住している常民が、あるきっかけで、一時的に漂泊することによって、新しい視野がひらけ、活力をとりもどす。常民が社会変動の担い手となるには、みずからが、定住—漂泊—定住のサイクルを通過するか、または、あるいはその上に、漂泊者との衝撃的なであいが必要である。

ここでは「漂泊」という表現がつかわれているが、いうまでもなく、この「漂泊」には出稼ぎもふくまれている。つまり、仕事をもとめて村をおとずれる人とのであいが、あるいは仕事をもとめて村をでるということが、新しい生活をきりひらくきっかけとなるのだ。

島の出稼ぎ

では、もうすこし具体的に、出稼ぎが暮らしのなかでどのような役割をはたしてきたのか、そして、人びとがどのように出稼ぎ生活をおくってきたのかについてかんがえてみたい。舞台となるのは、これまで私があるいてきた瀬戸内海の島々である。

瀬戸内海では、資料上は少なくとも江戸時代の後期、一九世紀初頭にはさかんに出稼ぎがおこなわれていたことがわかっている。そのすべてを把握することは難しいが、いくつか例をあげてみたい。古くからおこなわれていた出稼ぎには、手に職をもったものが多いようである。

たとえば、広島県の田島（福山市内海町）では、文政年間（一八一八〜一八三〇年）から明治後期まで、長崎県の五島や平戸の鯨組へ出稼ぎにでていた。田島の人びとの役割は、クジラの動きをにぶらせるための大きな網をつくったり、修繕したりすることであった。瀬戸内海の漁師の網をつくる技術がみこまれての出稼ぎであった。田島のように鯨組へ出稼ぎにでる島は瀬戸内海に多く、とくに山口県の熊毛郡では祝島《いわいしま》（上関町）・八島《やしま》（上関町）・佐合島（平生町）などでもさかんであった。

大工の技術をたずさえて各地をまわったという島も多い。山口県の周防《すおう》大島（周防大島町）を本拠地とする長州大工は有名で、とくに、愛媛県内や高知県内にのこされた明治時代の神社や寺、そしてそこに刻まれた彫刻は、その卓越した技術をいまにつたえている。この周防大島のように大工をおくりだしていた島はほかにもあり、香川県の本島（丸亀市）や愛媛県の大三島《おおみしま》（今治市）などでも大工の出稼ぎがさかんであった。

また、大工の島として名がとおっていなくても、瀬戸内海の島ではもともと大工だったという老人にであうことがよくある。島の外に仕事にでかけた経験をもつ人も多い。あると

瀬戸内海の島々。愛媛県の大島よりしまなみ海道をのぞむ（筆者撮影）

き、島の外に働きにでた理由をたずねてみると、「建物の数が限られた島のなかだけでは食っていけないから」との答えがかえってきた。もっともである。しかし、それは裏をかえせば、大工の技術を身につけて島の外にでれば、十分にたべていくことができたということでもある。大工にかぎらず、さまざまな仕事が、せまい範囲の需要だけを期待したものではなかったことは、意識しておかなければならない。

瀬戸内海の島という環境もあって、船乗りとして働きにでたという島は、広島県の大崎上島（大崎上島町）や香川県の本島（丸亀市）、愛媛県の大三島（今治市）、弓削《ゆげ》島・生名島・岩城島（上島町）などじつに多い。愛媛県の伯方《はかた》島（今治市）は現在でも海運業がさかんで、伯方島の人の所有する巨大な貨物船が、世界中の海を航海しているという。

また、船をつかった商売には行商もあげられる。愛媛県の桜井（今治市）でつくられた漆器を売ってまわる大島（今治市）の椀船行商や、おなじく愛媛県の睦月島（松山市）の反物行商というのがおもしろい。睦月島の人びとは、昭和一〇年代には朝鮮半島から沖縄まで、船に反物をのせてうりあるいたという。

明治以降は、近代的な産業に労働力を提供する出稼ぎもおこなわれるようになる。たとえば、明治中期にはいると山口県の情島《なさけじま》（周防大島町）からは岩国市内の工場に多くの工員をだし、大正時代にはいると広島県の百島《ももしま》（尾道市）から尾道市内の工場へ女工をだすといった具合である。おそらく、このような状況はこれらの島にかぎられたことではなかったであろう。

ところで、瀬戸内海の島々では、なぜ、このようにさまざまな出稼ぎがおこなわれるようになったのだろうか。そのことを、まさに島にいきてきた人の立場から考察したのが、周防大島出身の民俗学者、宮本常一であった。

島とは水によって区切られた小さな空間である。こうした環境が島の生活を特徴づけていることはいうまでもない。宮本は、その著書『瀬戸内海の研究』のなかで、「島嶼《とうしょ》生活の矛盾」という視点にたって、島で暮らすことのかかえる問題をつぎのように指摘している。

島嶼で生活することの中にはその初めから限定と矛盾が含まれている。現実に見る島は資源的に大きな限定があり、従って居住にも限定がある。農業を主目的とした開墾定住の可能な島においてすら、人が余ればその処置は島自体では解決できなくなる。まして初めから食料の不足するような島では、島居住を安定させるためには、どうしても島外社会と密接な交渉を持たざるを得ないのである。つまり島の問題は島自体では解決のつかない矛盾を持っている。

そもそも島にすむ人びとは、島のなかでおこなわれる生産活動のみで生活をすることはできない。島の生活は島の外の世界とむすびつくことではじめてなりたつのである。そう指摘する宮本は、島で暮らすためにとられてきたふたつの工夫をしめしている。

まず、ひとつ目は新作物の導入である。江戸時代中期に瀬戸内海にもたらされたサツマイモが代表的な例だが、その後もジョチュウギクやミカンなど、瀬戸内海の島ではさまざまな作物の栽培がこころみられてきた。

そして、もうひとつの解決方法が出稼ぎである。宮本は行商・廻船乗・出稼漁・大工・石工・左官・塩田の浜子《はまこ》・杜氏《とうじ》・杣《そま》などの多様な出稼ぎがおこなわれてきたことを指摘する。そして、このようにさまざまな出稼ぎがおこなわれることの効用を、「出稼ぎ」という論考のなかでつぎのように説明する。

一つ一つの島が出稼のために選んだ職の差が他へ出て行つてもお互の勢力を喰いあらす事を少くしたようで、これが島に必要以上の人を住わせるようになつた原因の一つとも思える。

以前、私が山口県の祝島をおとずれたさいに、遠くにうかぶ島をながめながら、お年寄りが、「あれは大工出稼ぎの島、あれは牛の放牧でくっていた島」とおしえてくれたことがある。たしかに、それぞれの島が、さまざまな工夫をしながら暮らしてきたのである。

そして、重要なことは、出稼ぎをとおして、瀬戸内海の島々が「必要以上の人」、つまり、通常の生産活動ではうけいれることのできない数の人びとをやしなってきた、という宮本の指摘である。つまり、瀬戸内海の島の出稼ぎは、不足する島の生産力をおぎなうだけではなく、生活の場としての島の可能性を大きくひろげてきたのである。

宮窪町の杜氏の出稼ぎ

では、こうした出稼ぎがあたりまえのものとして日常にくみいれられた島の暮らしとは、どのようなものだったのか。愛媛県の大島（今治市）の北西部をしめる宮窪町の、昭和の時代の生活をながめてみよう。

宮窪町のある大島は、瀬戸内海のほぼ中央、芸予諸島の南端にうかんでいる。現在ではしまなみ海道によって、本州と四国の両方と陸路でむすばれているが、それ以前はもちろん離島であった。ただ、海にかこまれた島とはいっても、宮窪にすむ人びとが漁師ばかりであったわけではない。宮窪町には浜方《はまかた》とよばれる漁師に対して、在方《ざいかた》とよばれる漁とはかかわらない人びとがいる。古くは、宮窪町の多数派はこの在方の人びとであり、おもにかれらが出稼ぎにでていたのである。

この宮窪町の人びとの生活をささえた出稼ぎはふたつある。ひとつは酒づくりの杜氏であり、もうひとつは塩田の浜子である。江戸時代からつづく塩田での労働も興味ぶかいところではあるが、ここでは、杜氏の出稼ぎに話をしぼりたい。

瀬戸内海沿岸の杜氏といえば、岡山県西部を本拠地とする備中杜氏が有名で、すでに文化年間（一八〇四〜一八一八年）には灘五郷（兵庫県）への出稼ぎがはじまっていたことがしられている。しかし、杜氏の出稼ぎにでていたのは備中の人びとばかりではない。鯨組にでかけていた山口県の祝島でも、天保年間（一八三〇～一八四四年）には杜氏の出稼ぎがはじまっていて、周辺地域の人びともふくめて、戦後まで、熊毛杜氏とよばれて活動していた。宮窪町の人びとがぞくしていた越智《おち》杜氏も、そうした杜氏集団のひとつである。

宮窪町は、吉海町や関前《せきぜん》町（いずれも今治市）などの人びとで構成される越智杜氏のなかでも、もっとも多くの出稼ぎ杜氏をおくりだした土地であった。越智杜氏は愛媛県や徳島県といった四国を中心に活躍していたが、戦前には大分県まで出かける人も多かったようである。

越智杜氏の起源はわかっていないが、宮窪町の高取山の山中には「酒屋親父中」一二名の名前がきざまれた安政二（一八五五）年の常夜灯がのこされており、少なくとも一九世紀なかごろには酒づくりにかかわる人がいたことがうかがえる。その後の記録もとぼしいが、大正六（一九一七）年の『愛媛県誌稿』（下巻）には、

越智郡宮窪村は東予に於ける杜氏の本場なり。醸造時期には全村の壮丁殆と同村を去り各地の醸造場に従業す。労作期間は約百日にして多くは毎年四月に入りて帰村す。

という記述がみられる。また、戦後の記録をみると、昭和三五（一九六〇）年に四五人もの杜氏の責任者を宮窪町からだしていることがわかる。そのしたについた蔵人の数をあわせると、おそらく三〇〇人ちかくの男性が宮窪町から杜氏の出稼ぎにでていたはずである。

では、昭和二〇年代から出稼ぎにでていた方々のお話と、戦後の越智郡杜氏組合の資料から、もう少し具体的に宮窪町の杜氏の出稼ぎのようすをみてみよう。

日本酒は、総責任者となる責任杜氏（親方）を中心とした集団によってつくられる。責任杜氏のしたには、麹づくりを担当する麹師《こうじし》や、酒母を担当する酛廻《もとまわり》といった役人《やくびと》がいる。そして、さらにその仕事を、数人の倉夫《くらふ》がてつだう。出稼ぎさきの酒蔵の規模によるが、ひとつの集団の蔵人の数は最低でも五人程度は必要であり、酒蔵が大きくなれば、それにおうじて人数もふえる。

酒蔵には、一日にひと樽ずつ仕込んでいく日仕まいの酒蔵と、二日にひと樽のペースで仕込んでいく半仕まいの酒蔵とがある。当然、日仕まいの酒蔵は多くの労働力を必要とするが、越智杜氏がでかけた酒蔵の多くは、小規模な半仕まいの酒蔵であった。したがって、一〇人もの人びとで出稼ぎにでるようなことはすくなく、たいがいは五人から六人ほどででかけていた。

では、この集団はどのように組織されていたのか。

杜氏集団のリーダーは責任杜氏である。基本的にはこの責任杜氏が人をえらぶのだが、まったく縁もゆかりもない人に声をかけるということは、まずない。自分の親戚や気心のしれた近所の人、信頼できるほかの責任杜氏に紹介された人など、宮窪のなかの、ある程度その性格のしれた人を優先的に採用していたのである。

それも当然であろう。責任杜氏の評価はよい酒をつくることでさだまる。評価が高まれば責任杜氏ばかりでなく、役人や倉夫の賃金もあがる。ぎゃくに酒を腐らせでもしようものなら、自分たちが信頼をうしなうばかりでなく、お世話になった酒蔵をもつぶしかねない。責任杜氏をつとめていたある老人はつぎのようにかたってくれた。

蔵人には責任杜氏とうまくいかないと、だまって夜の間にかえるような人もいた。また、蔵人が温度管理などの仕事をしっかりとしてくれなければいけない。だから、信用できる人をつれていかなければいけない。もし、何か問題がおこって、蔵人がひとりかえるとなったら、人数のすくない半仕まいの酒蔵では大変なことになる。だから責任杜氏はきちんと人をつかえなくてはいけない。そうするとやはり、地元の人間がわかりやすい。ほかの地域の人だと、人物も技術もどのようなものかわからない。

ただ、信頼できる人びとでくまれた集団も、けっして固定的なものではなかった。蔵人は新しい年には自由に所属する集団をかえることができたのである。責任杜氏との相性が悪い、酒蔵でだされる食事がまずい、ほかの責任杜氏からより高い賃金で声をかけられた、などの理由から、ほかの集団にうつることは多かった。また、倉夫から酛廻、麹師、責任杜氏へとステップアップするためには、そうした役に欠員がでた集団にうつって経験をつむ必要もあったのである。

さて、現在では空調管理がいきとどき、一年中酒をつくることのできる酒蔵が多いが、以前は、発酵のときの温度管理がしやすい冬場に酒がつくられていた。「杜氏来《きた》る」の季語からもうかがえるように、杜氏の出稼ぎは冬におこなわれるものであった。

出稼ぎにでる期間は酒蔵によってもことなるが、一般的には一二月ころから三月ころまでということが多かったようである。三カ月から四カ月におよぶ酒づくりの出稼ぎは、「百日稼ぎ」ともよばれていた。

もともと宮窪町の杜氏は、稲刈りがおわって水田をすきなおして、ハダカムギをまいてから出稼ぎにでていた。それが、戦後、かんきつ類の栽培がさかんになるにつれて、水田にはミカンの木がうえられるようになった。昭和四〇年代には、蔵人が順番に休暇をとってミカンの収穫にもどることもあったという。

さて、極寒の酒蔵での水仕事と重労働は、過酷であった。そのかわりに、待遇はよかった。越智郡杜氏組合の資料によると、高度経済成長期、昭和三七（一九六二）年の責任杜氏のひと月の賃金は三万九〇〇〇円から四万二〇〇〇円であり、倉夫でも二万一〇〇〇円から二万四〇〇〇円はもらうことができた。当時の都市銀行の大卒初任給の平均が一万九〇〇〇円だというから、いかに杜氏の賃金が高かったかがわかるだろう。

さらに、出稼ぎ終了後には失業保険制度による給付金をうけとることができる。前節でも紹介したように、出稼ぎにでる人びとにとって、この給付金は重要な収入源であった。ただ、給付をうけるためには六カ月間働かなければならない。もちろん、杜氏の「百日稼ぎ」では日数がたりない。ある元責任杜氏がこっそりと、こうおしえてくれた。

小さい酒屋だと日数が短くて、失業保険がつかなくなるから、一一月に一度、蔵の掃除をしにでかけて、仕事にとりかかったことにしてもどってきた。こうすることで、四月の火いれまで半年間はたらいたことにした。

もちろん、杜氏の出稼ぎのこうした実態は、職業安定所も把握していたはずである。しかし、それを厳しくとりしまることはなかった。よくもわるくも、ゆるやかな時代であったといえるだろう。

越智杜氏の出稼ぎは昭和三五（一九六〇）年をピークとして減少にてんじる。その背景には、好景気によって地元での雇用の機会がふえたことや、ミカンを中心とした商業的農業の普及、日本酒消費量の減少や零細な酒蔵の統廃合などがある。一九六〇年には四五人を数えた宮窪町の責任杜氏も、昭和四五（一九七〇）年には三一人となり、昭和五五（一九八〇）年には三人にまで減少して、その後、長年の歴史に幕をとじた。

出稼ぎのある暮らし

では、こうした杜氏の出稼ぎをとりこんだ島の生活はどういったものだったのか。宮窪町在住の元責任杜氏、菅原政勝さんの、戦後の暮らしをのぞいてみたい。

菅原さんは、大正一二（一九二三）年に菅原家の長男として、宮窪町の在方でうまれた。菅原家は、祖父の時代には馬の種つけと林業で、父の時代には杜氏の出稼ぎと林業で現金収入をえていた。また、田畑では自給用の作物が栽培されていた。

菅原さん自身は、昭和一三（一九三八）年に高等小学校を卒業すると、翌年から大阪機械製作所や三菱造船といった関西方面の工場に働きにでた。その後、昭和一七（一九四二）年に一八歳で海軍に召集され、昭和二一（一九四六）年に復員する。

復員後、父親とともに林業にたずさわり、山を開墾した畑にサツマイモやハダカムギ、ミカンを栽培して暮らしていた菅原さんが、はじめて倉夫として徳島県の酒蔵に出稼ぎにでたのは、昭和二八（一九五三）年のことである。近所にすむ責任杜氏からさそわれたのがきっかけであった。ただ、酒蔵でひと冬働いてみたものの、だされる食事があまりにも悪い。そこで、翌年には、広島県の因島の酒蔵に酛廻としてやとわれることになった。二年目で酛廻をまかされるというのは、大抜擢である。この酒蔵では三年目に麹師をまかされるまでになったが、四年目には責任杜氏とともに愛媛県内の酒蔵にうつっている。ここで一年働いたのち、責任杜氏の補佐役である頭《かしら》になる約束で、香川県の酒蔵にうつる。その後、この酒蔵で三年間働くが、昭和三六（一九六一）年には、愛媛県の酒蔵に責任杜氏としてむかえられ、昭和四六（一九七一）年までの十年間をつとめあげている。

菅原さんは、杜氏として働いた一九年の間に、五カ所の酒蔵をわたりあるいているが、酒蔵をうつるごとに職人としての階段をのぼるようすが印象的である。

責任杜氏時代の菅原さん（年代不詳）

ただ、責任杜氏をやめたとき、菅原さんは四八歳であった。引退するにはすこし早いような気もする。出稼ぎをやめた理由をたずねると、「妻の足の具合がわるくなり、思うように農作業ができなくなったから」と答えてくれた。当時はミカンの好景気が絶頂をむかえていて、出稼ぎをやめてもたべていける、という計算もあったようである。

さて、問題は菅原さん一家の家計のなかで、杜氏の出稼ぎがどれほどの比重をしめていたかである。戦後の菅原家の生活は、一一月末から三月末までの四カ月間の出稼ぎと、それ以外の時期に宮窪町でおこなわれていたミカンの栽培、そして林業からなりたっていた。

では、出稼ぎをはじめた昭和二〇年代から出稼ぎをやめた昭和四〇年代にかけて、島のなかでいとなまれていた農業と林業は、どのようなものだったのでろうか。

まず、農業についてである。終戦前の菅原家の耕地は、イネとハダカムギを育てる水田、カンショとハダカムギを育てる畑、ミカンの木とビワの木がうえられた果樹園で、合計は五反ほどであった。これらの田畑でとれる作物は、一家の食卓をみたすには十分であった。また、この当時は、植えたばかりのミカンが多くの果実をつけることはなかったが、ビワについてはあるていどの現金収入源となっていた。

一方、戦後、菅原さんが復員してからは、畑の面積が拡大する。昭和二〇年代から三〇年代にかけて、一反の畑をあらたに購入し、八反分もの山林を開墾している。これらの畑のほとんどで、ミカンやハッサクが栽培されていた。また、戦前からたがやしていた田畑もミカン畑に姿をかえ、昭和三〇年代の後半には、一町四反ほどの全耕地面積のうち、一町三反までがミカンやハッサクといったかんきつ類の畑となっている。

ミカンをはじめとするかんきつ類の価格は、昭和四七（一九七二）年の大暴落まであがりつづける。ミカンが黄色いダイヤとよばれた時代である。瀬戸内海の島々では、こうした時流にのってかんきつ類の栽培が拡大していくが、菅原家ももちろんその一翼をになっていたのである。

杜氏の出稼ぎは、こうしたかんきつ類の栽培と、季節的にかさなるものであった。ミカンの収穫の時期と、杜氏の出稼ぎにでる時期がかさなってしまうのである。菅原家では菅原さんの両親や妻のほかにも、毎年、最盛期には八人ほどをやとってミカンの収穫をした。また、ミカンの木を早稲《わせ》にうえかえることで、菅原さん自身も、杜氏の出稼ぎにでるまえに、できるだけ収穫作業にくわわることができるようにしていたという。

さて、菅原さんが島のなかでいとなんでいたもうひとつの仕事は、林業である。林業とはいっても、本州や四国の山間部の林業のように、大規模なスギやヒノキの人工林を、建築用材として伐採するようなものではない。伐採する木はマツがおもであり、まっすぐで直径が五寸（約一五センチ）以上の木であれば建築材にもなったが、ほとんどは薪としてうるものであった。

菅原さんが父親と一緒に林業にたずさわるようになったのは、終戦直後の昭和二一（一九四六）年である。当時、空襲で焼かれた都会からにげもどった人や、戦地から復員した人で、島の人口はふくれあがっていた。また、冬場に貽貝《いがい》を器械潜水でとっていた宮窪町の漁師は、船のうえでたく大量の薪を必要としていた。もちろん、プロパンガスはまだ普及していない。山の松の木を薪にわれば、とぶようにうれたという。また、愛媛県東部の川之江からは、製紙会社の船が紙の原料となる松をあつめてまわっていた。

菅原さんは平成元（一九八九）年まで林業をつづけたが、じつは、出稼ぎよりもミカンよりも、この林業がもっともお金になったのだという。菅原さんいわく、林業は自分のメッコ（目利き）しだいでもうけられたから。具体的な金額はきいていないが、責任杜氏としての出稼ぎよりも稼ぎがよいというのだから、そうとうなものだったのであろう。ただ、それでも菅原さんは「山仕事は冬に酒屋仕事へでかけるまでに手早くすまさなければいけない」とかたっていた。菅原さんが働くことにもとめていたのは、おそらく、金銭だけではなかったのであろう。

こうして、宮窪町でいとなまれてきた生活をながめてみると、杜氏の出稼ぎの経済的な重要性がよくわかる。とくに戦後にかんきつ類の栽培がさかんになるまでは、出稼ぎなしに島で暮らすのはなかなか難しかったであろう。宮窪町では、冬の杜氏と夏の塩田の浜子の両方の出稼ぎにでたという話もきく。こうなると、一年のほとんどを島の外ですごすことになる。

それでも、宮窪町の人びとにとっての出稼ぎは、暗く悲しいばかりの経験ではなかった。もちろん、数カ月にわたる家族と離ればなれの生活や、極寒の酒蔵や酷暑の塩田での肉体労働が楽であったはずはない。しかし、出稼ぎを単純に貧困からぬけだすための労働としてしまっては、島でいきてきた人びととしては心外であろう。

島の外にでることはひとつの喜びでもあった。島のなかにとじこもっていてはきくことのできない話をきき、島にはないものごとをみる。そうした経験は、出稼ぎにでる本人にとっての楽しみであったばかりでなく、島に世の中のことをつたえて暮らしをかえる役割もはたしてきた。

私がお話をきかせてもらった元責任杜氏の方々は、すでに鬼籍にはいられている。いまふりかえってみると、謙虚さのなかに静かな自信をたたえた人たちが多かった。そのたたずまいには、島のなかでもまれ、たたきあげられてきた人とはどこか違う、独特の余裕がかんじられた。その余裕をささえたのはおそらく、長い間、島の外でたくわえられてきた豊かな経験と知識であろう。宮窪の人びとは、元責任杜氏に一目をおき、老いてなお畑をたがやしつづける姿を、静かにみまもっていた。宮本常一が「世間師」とよんだのも、こうした人びとではなかったのか。

民俗学は、目の前でいとなまれる生活を観察し、そこに人びとの生活にたいする考え方をよみとり、その考え方の歴史的な変遷をあきらかにすることで、私たちが現代をよりよくいきるための手がかりをえようとする学問である。観察より先に答えは存在しない。人がふだん生活する場所の外に働きにでるといういとなみがみえてくるには、まずは観察者の先入観を封じて、その状況を素直に描かなくてはならない、ということを筆者も本稿で学んだことである。

参考文献

宮出秀雄『農村潜在失業論』有斐閣　一九五六年
愛媛県『愛媛県誌稿』下巻　名著出版　一九七三（一九一七）年
鈴木栄三「出稼の問題」柳田國男編『山村生活の研究』国書刊行会　一九七五（一九三八）年
鶴見和子『漂泊と定住と――柳田國男の社会変動論』筑摩書房　一九七七年
渡辺栄・羽田新『出稼ぎ労働と農村の生活』東京大学出版会　一九七七年
宮本常一『忘れられた日本人』岩波文庫　一九八四（一九六〇）年
宮本常一『瀬戸内海の研究』未來社　一九九二（一九六五）年
柳田國男「都市と農村」『柳田國男全集』第四巻　筑摩書房　一九九八（一九二九）年
松田睦彦『人の移動の民俗学――タビ〈旅〉から見る生業と故郷』慶友社　二〇一〇年

五章　竹細工師の旅

稲垣 尚友

椎葉村籠屋日記（しいばむらほごやにっき）

わたしが竹細工の修業をしたのは、熊本県の球磨盆地の錦町《にしきちょう》である。その北に椎葉《しいば》村があり、今は亡き師匠が昭和二〇年代に庭先仕事をしながら村内の家々を転々とした。標高一〇〇〇メートルある不土野《ふどの》峠を越え、一日がかりで椎葉村に入って行った。背中のカゴには竹細工道具一式と若干の衣類が詰め込まれている。カゴやザルを注文してくれる農家を泊まり歩き、リクエストに応じて農具を作った。師匠が語ってくれた椎葉村は、山また山で、「隣の家に移るとに、ワラジを二足つぶしたが」と、笑いながら教えてくれた。材料の竹を裏山から切り出し、庭先を仕事場としたので、庭先仕事という。三度の食事を賄ってもらい、注文の品々を納めて日当をもらう。現金の流通が少ない時代であったから、支払いを米や豆といった穀物ですます農家も多い。師匠はその現品を実家に送り、留守を守っている連れ合いがそれを換金し、五人の子どもの養育費に

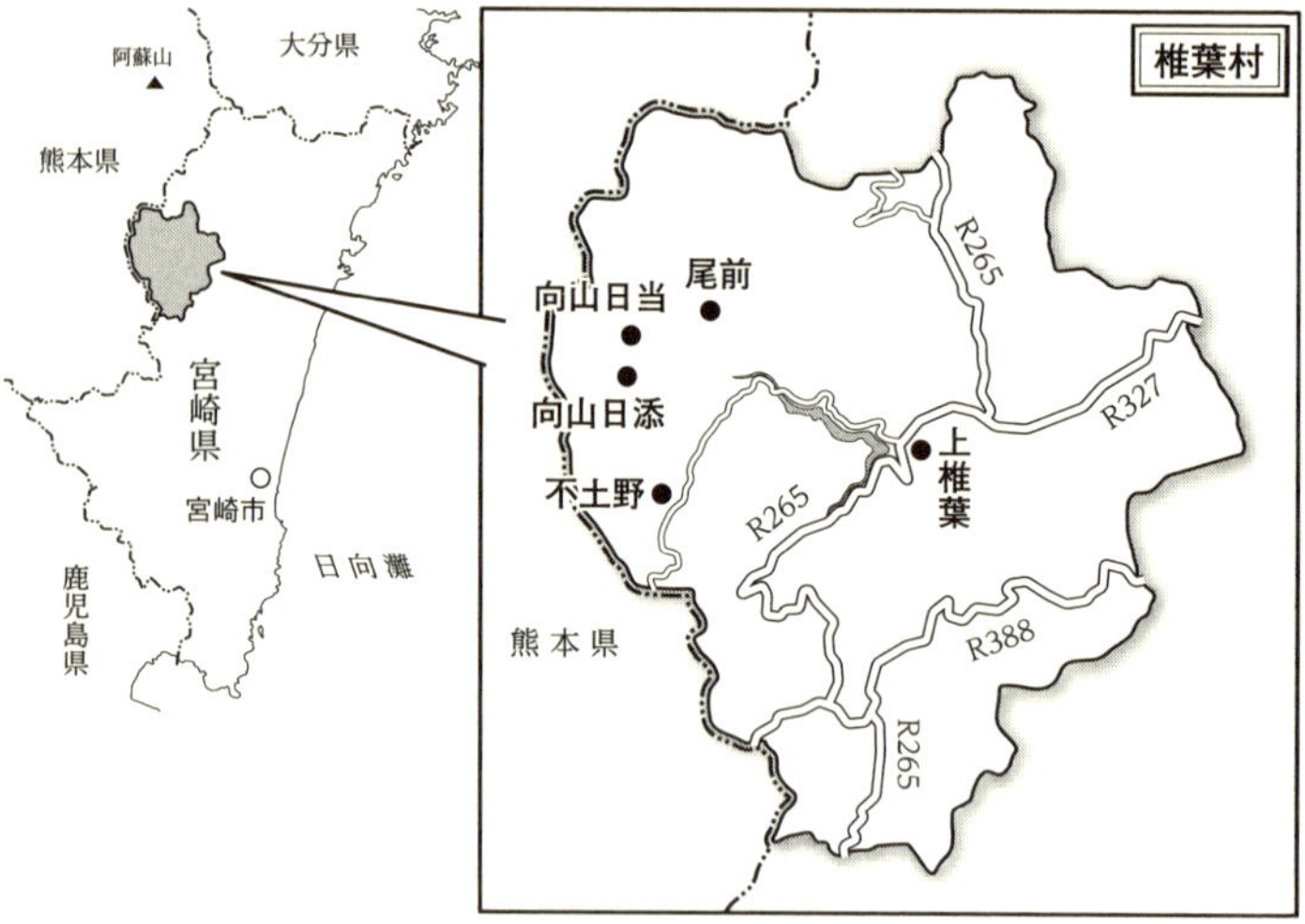

椎葉村の位置と地名

充てた。

師匠は、「訪ねた部落のほとんどが椎葉姓で、さもなければ甲斐か那須姓だけ。あとの名前は無か」とも語った。そうした話を聞かされるたびに、わたしも一度は椎葉で庭先仕事を経験したいと思い、師匠の元を離れ、遠くの関東の地で竹仕事をしながらも、思いはつのるばかりであった。

椎葉は、ひときわ山が深く、江戸初期まではそこに人家があることすら知らない人びとが、隣接する村々にいたそうだ。それほど、深山幽谷の地である。明治一〇年の西南戦役で、敗走する薩摩兵のひとりが選んだルートが椎葉越えの道であった。その兵は名前を佐々友房と言い、戦役後は官軍に捕らえられて廣島監獄に収監される。獄中でしたためた日記が『戦袍日記』の名で遺されていて、わたしはその一部を読んだことがある。それによると、峠越えをする様は「……山また山、土坂峻絶、あたかも壁によじ登るがごとく、一歩は一歩より高く……後人、前人を戴きて登るがごとし」というようなことが書いてあった。先に行く者の尻を見上げ、壁によじ登る姿を思い浮かべる。

師匠が訪ねたころの椎葉村と現在とでは大きく変わっているのだろうが、わたしの夢は膨らむばかりであった。わたしは、これまでにワラジを履いたことがない。また、徒歩で高い峰を越えて、山岳重畳の山村に分け入ったこともない。移動手段として、いつも車を利用している。それは宿泊できる移動ホテルでもあるからだ。民家に泊めてもらえば交情を温める機会があることは分かっているが、間欠泉的に都会人のわがままが頭をもたげ、プライベート空間を確保したがるのだった。それには車内宿泊が好都合である。今世紀に入ってから、宿願を果たすべく椎葉村に入った。やはり車を手放せなかった。一トン半の積載量があるトラックの荷台に手製のコンテナ型木小屋を載せ、それをトラック・マンションと勝手に名付けた。その〝マンション〟を転がして、村に入って行った。

椎葉との再会

椎葉村の中心地である上椎葉《かみしいば》から、ダム湖沿いのくねくね道を車で四〇分ほど西奥に入ったところに尾前《おまえ》集落がある。村内にある集落の中では大きいほうの部類に入るであろう。七〇戸以上はある。ここなら、カゴの注文が取れそうだと思ったのだが、通りすぎてしまった。流しの家業はさらし者になることだが、それに怖じ気づいたのだ。師匠のように、暮らしを立てなければという切羽詰まった覚悟がないからだろう。だからといって、ここで引き返す気持ちはなかった。

道路標識が左方向への矢印の下に「五家荘《ごかのしょう》　30キロ」とある。わたしは、誘われるようにして、矢印の方角に折れ、エンジンをふかしながら急坂を上っていく。一五分ほどで日添《ひぞえ》という地区にさしかかる。隣家の屋根が真下に見えるほどの急坂が続く。

ほどなくして、谷底のような地に家がポツンと一軒だけあるのを見つけた。幅が五メートルほどの流れの向こう側に建っている。この先に集落があるのかどうかも分からないので、ここで思い切って御用聞きをしようと決める。朝、日向市の友人宅を発って椎葉村に入ったのだが、どこの家も訪ねないでここまで来てしまった。少しでも奥に分け入れば、人の出入りも少ないことだし、邪険に扱われることもないのではないかと勘ぐっていた。いまだに怖じ気が消えていなかった。

わたしは、車を道脇に停め、鉄骨を両岸に架けただけの簡便な作りの橋を渡って、川向こうの家を訪ねる。流れに沿って細長く伸びている家には、人ひとりが通れる幅の庭があるだけで、すぐ前が川になっている。玄関のアルミサッシ戸をガラガラと開けて顔を突っ込む。

「こんにちは、居られっとかな?　カゴ屋ですけど、何か作らせてもらえんだろうか?」

と大声を出す。くだけた会話を試みたつもりであったが、歯茎が浮いたようなコトバを吐いてしまった。六〇がらみの柔和な顔立ちの男の人が奥の間から出て来た。

「珍らしかねえ」

そう言うと、しばらくわたしの姿を、なめるように見ている。

「テレビでカゴ屋のことを目にするが、どこで手に入れていいものやら、て、思うとった」

この人は注文してくれるな、と思うと気持ちも口も軽くなる。

「何か作らしてもらえんどかい?」

「カライ(背負い)籠《ほご》をひとつ頼むか……ナバ(椎茸)を入れっとに使う太か(大きい)ホゴば作ってくれんね?」

この辺一帯が椎茸栽培の盛んなことは分かっていた。道中のここそこの林の中に椎茸菌を打ち込んだホダ木が立てかけてあったからである。わたしはカライホゴがどんなものなのか見たこともないので、使わなくなった古いホゴを納屋に入って見せてもらった。寸法や形を頭に入れる。

その後わたしは、竹はどこかで切らしてもらえるだろうか、と尋ねた。

「黒竹《くろちく》は無かが、破竹《はちく》なら道の向こうに立っとる。近くの人のものやが、少しなら構わんから、切らせてもらわんか」

それだけ言って家の中へ戻ってしまった。どこで仕事をしていいかを聞き出す間もなかった。

わたしは、対岸から破竹を一本切ってきて、さっそくカゴ網みの準備をする。できることなら真《ま》竹《だけ》を使いたかったが、周辺のヤマには見当たらない。この辺では真竹のことを黒竹と呼ぶらしい。

どこで竹を割ろうかとキョロキョロしてみるが、欲しい広さの庭が見当たらない。母屋の脇に背の低い笹が藪を成していて、人が踏み固めたらしい一筋の道が奥のほうに通じている。わたしは、その細長い空間に腰を下ろすことに決めた。

竹割りを始める前に、まずは腹ごしらえをすることにした。友人が作ってくれた野球ボールのようなおにぎりを手提げ袋から取り出す。無骨ではあるが、作り手の気持ちが伝わってくる。あまり大きすぎて、口に入れる前に崩れてしまった。どこから飛んできたのか、カラスがいたずらっぽい目でこちらを見下ろしている。こぼれ落ちた飯粒でも狙っているのだろうか。

〈さて、始めようか〉と心の中でかけ声を掛けるが、気持ちに弾みがつかない。笹に囲まれて視界がきかないのが息苦しくもあった。竹割包丁を取り出してから竹を握ると、霧のような冷たい雨がぽつんぽつんと降ってきた。椎葉の四月はまだ冬のなごりがある。先ほどまでウグイスが鳴いていたのだが、雨降りを嫌ってか、どこかに行ってしまった。こうなると、川のせせらぎまでが、わびしく聞こえる。雨具は車の中に置いてあるのだが、それを取りに川向こうまで行く力がわいてこない。何かちぐはぐだ。長袖のシャツまでが水気を含んで重くなる。手元の刃物も湿ってきた。握っている手のひらの中で竹割包丁が滑ったら危ない。こんなときは必ず怪我をするものだ、と決めつけると、気持ちはますます沈んでいく。

「えい、水上村のマモちゃんの家に行っちまえ！」

そう決めると、もう、仕事どころではなかった。わたしは、母屋に立ち寄り、後日の納品を約束してから車を走らせた。庭先仕事をいともあっさりと切り上げてしまった。なぜこんなことになったのかと、内省するよりも先に、不土野峠を越えた向こうにある水上村の友人との語らいを先取りしていた。

来た道を戻る。尾前まで来ると、小さな道路標識が頭上に掲げてあった。まっすぐ行くと「上椎葉」で、右に折れると「不土野」となっている。わたしは右に折れた。道はいちだんと狭くなる。運転席側は崖が覆いかぶさるようにせり出していて、反対側は不土野川沿いにガードレールが張られてあった。対向車が来たらどうなるのだろう。しばらく走っていると、ガリガリという硬質な音がした。荷台に載せているトラック・マンションの屋根の端が、崖から垂れ下がっている木の枝をこすったようだ。荷台の高さが地上から七〇センチあり、その上に高さ一八〇センチの小屋を載せているので、屋根の高さは地上から二メートル半ある。岩盤をこすらなかっただけでも儲けものと思わなければならない。

三〇分もしないで、不土野小学校の校舎が見えてきた。来る途中で上椎葉の村役場でもらったパンフレットに書いてあったが、この小さな村に小学校が一〇校あるという。南北に二八キロメートル、東西が三〇キロメートルあるが、その九五パーセントが急斜面の山地だそうだ。端から端までは車で二時間かかる。子どもが歩いて通える範囲に学校を建てようと思えば、一〇校でも足りないかもしれない。不土野の学校には生徒の姿が見当たらなかった。そうだった。今日は日曜日である。

民家がぽつんぽつんと建っている。見上げる山中にも家がある。あすこに行くにはどのような道をたどればいいのか、見当もつかない。さらに行くと緩い登り坂にさしかかり、二〇〜三〇戸が密集している集落に出くわした。自動車修理工場らしきものもある。ここの人たちは車で職場に通い、車で買い物に出るのだから、何よりも手放せないのが車なのであろう。「深山幽谷の地」と形容すると、いかにも孤立した佇まいを思い浮かべるが、自動車修理工場の油の臭いが漂うムラは街の賑わいと直結している。焼酎を商う店もあれば、電器屋もある。道脇の電柱には保険会社の看板も掲げてあった。

これまで渓流に寄り添っていた道が直角に左へ曲る。コンクリートの橋を渡り、流れから離れると勾配が急に激しくなった。もう人家はない。不土野峠までどのくらいあるのか分からないが、師匠は峠の向こうの盆地から歩いてここまで来たのだろうか。でも、訪ねた先の姓が椎葉と甲斐と那須だけだったというから、別の道を通ったのかもしれない。尾前集落は尾前姓ばかりだったし、他の集落も土地の名を姓にしているかもしれない。

どこまでも舗装路が続く。狭くはあるが車の行き来には不自由しない。もう二五年も前の一九七七年、わたしが関東に移った翌年に、五〇CCのバイクに乗って師匠宅を訪ねたことがある。そのときも不土野峠越えで球磨《くま》盆地へ降りていった。峠越えの道は未舗装であった。途中、砂利道にハンドルを取られて転倒し、大怪我をした記憶がある。道中の佇まいが二五年前とガラッと変わっている。もしかしたら、この道は新しく開かれた別ルートなのかもしれない。

峠からの下り道も狭かった。行き交う車が何台かあったが、ところどころに待避所があり、さして苦労はしなかった。降り立った最初の集落が古屋敷《ふるやしき》である。球磨盆地の最奥の集落といってもさしつかえないだろう。商店街らしき佇まいの一画もある。野田旅館という看板を掲げた大きな構えの二階家も道筋に建っている。商人宿にしては大きすぎる。山師たちが大勢近くの山で働いていた時期が長かったから、場違いと思える大きな旅館があるのかもしれない。先に読んだ西南戦役の従軍兵の日記だったと思うが、椎葉経由で不土野峠を越え、古屋敷に到着した敗走兵が三〇〇〇人いたという。九月に入っての山村の夜は寒く、宿泊先もないので、焚き火をして明るくなるのを待ったという。兵がそんなに多く一団を成して移動したかどうか疑わしいが、その兵士らへの炊き出しができるほど財力のある集落だったようだ。

この古屋敷の地名は懐かしい。わたしは、盆地の中程にある免田町（現、あさぎり町）に下宿して、隣の錦町の師匠宅に通っていたのだが、下宿屋の主人はこの古屋敷の出であった。市房ダムが計画されて実家が湖底に沈んでしまうことになり、免田町へ移った。そこで、食料品を扱う「椎葉商店」を営み、二階に賄い付きの下宿人を四人置いていた。高等学校の先生や、同じ学校の生徒、それに近くにある生コン会社のサラリーマン、それとわたしであった。

満々と水をたたえたダム湖の側道を走って水上村湯山に着く。〝逃げてきた〟という意識が消えない。友人は守《まもる》の名であるが、友人たちはマモと呼んでいた。わたしは、マモの家で風呂と食事の世話を受け、寝泊まりだけはトラック・マンションを利用した。

日中は竹細工に精を出す。マモが友人たちから注文を取ってくれたので、それをセッセとこなした。いわば、庭先仕事の再出発を期して、舞台裏での駆け込みをしていたのである。

いくつかの注文品を納めた後、マモの連れ合いのスガ子からショウケの修理を頼まれる。関東でザルと呼ばれているものである。飴色に染まった一斗ショウケを持ってわたしの前に現れたとき、不思議な気持ちになった。そのショウケに感じたのが、幼なじみに会ったような親しさである。

「スガちゃん、どこを直すの？」

「これ、友だちのショウケやけんね、返さないかんとばってん、返しきらんとたい」

「……」

「シシ肉をこれに入れてもらったとたいね。そいけん、もう返えさんでなごうなっと。チマキ作るとにも、重宝しとるとよ……ここが破れてしもうとるけん、直してやらんね？」

わたしは、ショウケの底が何カ所か破れていることはすぐに承知した。わたしは、ショウケの内側を見た。ヒゴの一本一本が面取りされているのが分かる。その面の取り方が、小刀とか竹割包丁を使ってあったなら、カンナを掛けたような光沢があるはずだが、それがない。何か粗い刃物で削り取ったような跡が見て取れた。わたしが修業期に使っていた面取り道具を使うと、同じような跡がつく。竹ヒゴの幅取りをするときは、小刀二本を、取りたい幅の間隔を置いて、丸太の小口に打ち込む。それがごく普通の道具であったが、わたしは、作業効率を上げるつもりで、幅取りと面取りを同時にできる道具を作った。それを思いついたのは、師匠と一緒に訪ねたカゴ屋仲間のひとりが使っていたからだった。しかし、きれいな仕上が期待できず、面取りした後のヒゴは毛羽立っていた。カンナ掛けの光沢は望むべくもない。

わたしは、次にショウケの縁を見る。丸い縁のここかしこが破れていて、内部の構造が垣間見える。一〜二ミリほどに裂いた竹ヒゴの何本かが縁の上部に並べてあり、その上から縁巻き用のヒゴが巻かれている。なめらかな仕上がりにするつもりで細ヒゴを並べているのだが、拙さが目立つ。あらゆる方向から点検したが、何度見ても、わたしの手になるショウケとしか思えない。

「どこの友だち?」

「湯前《ゆのまえ》の友だちばい」

語尾を少し上げて言う。それがどうかしたのかい、とこちらに聞き返しているふうだった。わたしは、「湯前」と聞いて、やっぱりそうだったのか、と得心がいった。

わたしが下宿していた椎葉商店主人の生家は、すでにダム湖の底に沈んでいた。それでも古里が忘れられないらしく、食料品のヒキ売りに出かけると、何度かに一度は古屋敷を訪ねるのだった。立ち退きをせずにすんだ住民が多く残っていたので、そうした旧知と会話するのが楽しみだったらしい。ヒキ売りのルートは免田から始まって、多良木、湯前を経て、水上村古屋敷に至る。主人は軽トラックの荷台に並べる商品のひとつに、わたしのショウケも入れていた。その品をスガ子の友人が買ってくれたのだろう。わたしは、三食付きで三万円の下宿代を払っていたのだが、それの足しになるようにと、主人がひとつ三〇〇〇円で売り歩いてくれた。ショウケ一枚を仕上げるのには、朝六時に始業して夕方の手元が暗くなる六時ごろまでかかった。一人前の本職であれば、十時間もかからないであろう。わたしにはすでに二人の子がいたので、少しでも家計を圧迫しないですむようにと、拙い技を承知でヒキ売り品のひとつに入れてもらった。また、主人はわたしからマージンを取ろうとしなかった。応援してやろうと思っていたのだろう。

「ええ、ナオちゃんのね?」

スガ子も驚いていた。二五年前の修業期のショウケに再会することなど、考えてもみなかった。最初に目にしたときのあの親しさは、拙さにあったのかもしれない。

五月の椎葉

一三日間のマモ宅の滞在で、すっかり元気づいた。今度こそ尾前集落を通過しないで、腰を据えて注文を取ろうと、湯山を後にする。もう、日添に入るのはよそう。不土野峠を越えて再び椎葉村に入ったのだが、水上村へ降りて行ったときとは風景が違って見えた。気分のせいもあるが、春が一段と深まったようだ。山々の冬枯れ色が消え、春先の陽光の下で、木々の新芽が輝いていた。

村道は、尾前集落の中心部だけが車がゆっくりすれ違える幅になっている。日添には向かわず、椎矢峠のほうへ入っていく。幅広区間は短く、すぐに狭い道に早変わりした。その道は耳川に沿って通じている。家はしだいにまばらとなり、一キロも行くと、人家は全くなくなった。作地も見当たらない。深い森の中へ入って行く。それでも迷い心は起きない。奥に行くと小さな駐車スペースがあると聞いていたからである。そこを〝庭先〟代わりに使えないだろうかと密かに期待する。

三キロメートルか四キロメートル近く進むと、道脇の木立に覆われるようにして、バス停の看板らしきものが立っていた。赤さびた丸い看板の下のほうには「宮崎交通」とある。停留所の名前は読み取れない。こんな山奥までバスが通っていた時期があったのだろう。

宮崎県飯干峠での背負かごの注文制作（撮影　荒川健一）

道は橋を渡って対岸沿いに移る。曲がりくねった道をさらに進むと、右手に車一〇台ほどが停められるスペースの駐車場があった。反対側の左下にはステンレス製の流し台が設置されていて、蛇口が付いている。その奥には公衆便所らしき小屋も建っている。それらの構築物の向こうは河原になっていた。キャンプ場にしては狭すぎる。渓流釣り客用の施設なのだろうか。駐車場の隅に高さ一メートルほどの石碑が建てられていて、「耳川源流域の碑」と刻まれてあった。わたしは碑の脇に車を停め、この駐車場で竹を割ろうと決めた。

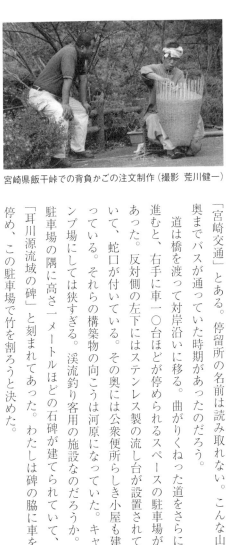

河原で石を組んでカマドを作り、米を炊く。マンションには寝具だけでなく、炊事道具一式を積んである。朝メシを終え、後片付けをしてから、カライホゴを編み始める。湯山から黒竹を数本持ち帰ったので、いつぞやの日添の人の注文に応えようと思う。すでに二週間が経っているから、注文主は忘れているかもしれない。でも、いいや。引き取ってもらえないときは、別の人に売ればいいのだから。

毎朝、村道を峠の方角に上っていく四トントラックが一台ある。何かの工事現場が上流にあるのだろう。昼過ぎにカライホゴが二個できたので、それを車に積んで日添に配達に向かった。無口な人はわたしのことを憶えていてくれた。二個ともを玄関先に持って行って、気に入ったほうを選んでくれと申し出ると、「ふたつとももらおうか」と言って、一万円を払ってくれた。「茶でん、飲んでいかんな?」と誘われ、座敷に上がったが、口数の少ない人だった。でも、拒絶されているという印象は受けない。ダンナとは対照的に、手盆に茶を運んで出てきた奥さんは陽気に話しかけてきた。

「悪りい日よりない。兄さんはどこから来たかい?」

「関東からです。師匠に付いたとは免田ですもん」

「免田かい? 近ごろは行っちゃみらんが……ホゴ編み、気張んない」

わたしは、奥さんに励まされて家を辞した。カライホゴは注文が続きそうな気配がして、河原に帰ったら、見込み制作をしようと決めた。

夕方、朝見かけたトラックが上流から帰ってきて、竹細工をしているわたしの目の前で停まる。運転する人と助手席に座っていた三〇がらみの若い人とが車から降りて駐車場に入ってきた。五〇がらみの運転手が笑顔で近づいてくる。

「ほう、ホゴ作りね？」

「はあ」

「カライホゴば、作りきっとなあ？」

とわたしに尋ねた。ほとんどの人は「どこから来なった？」と最初に聞くのだが、この人は違っていた。

「オ（俺）にも、ひとつ作っちゃらんね？」

わたしは予測が当たったことで、笑みが自然にこぼれた。

「向山《むかいやま》・日当《ひあて》の椎葉芳一《よしかず》て言えば、分かるが」

と、名刺をわたしに手渡した。建設業の肩書きが刷りこまれていた。日当は椎葉姓ばかりだから気を利かして、下の名まで名乗ったのかもしれない。あるいは、狭い村内の付き合いでは、下の名を使うのが日常なのだろうか。わたしも名を聞かれたので、「ナオと言います」と答えた。「イナガキ」よりも「ナオ」の通称を気安く呼んでもらいたかった。「和尚さんの尚で、ナオと言うんよ」と、地元の人との垣根を低くしようと計算していた。

「ホゴの見本ば持って来《こ》んなねえ」

そう言い置いて立ち去った。

朝、肌寒い霧が渓谷を覆っていたが、一〇時ごろに東側の稜線から陽がこぼれ始め、急に気温が上がった。球磨盆地にいるころは、「午前の霧は、午後の晴れ」と決まっていたが、ここの天気はどうなのだろう。竹を割っていると汗ばむ。梅雨期が近づいたからだろうか、湿気が多い。

昼少し前、昨夕の椎葉芳一さんが、五人の男たちと一緒にやって来た。今日はトラックではなく、ワゴン車に乗っての来訪である。見本のカライホゴを見せに来たのだった。わたしは、これは良い機会だとばかりに、「どこか、竹を切らしてもらえるところはなかろうか?」と芳一さんに相談する。自分の竹ヤマがあるから、好きなだけ切っていい、と言ってくれた。

皆は仕事仲間で、日ごろは椎矢峠近くで橋梁工事をしているとのことだった。今日は仕事休みで、これから酒盛りを始めるのだ、と笑顔がこぼれる。大きなクーラーボックスを肩に掛けて、河原へ降りていった。芳一さんが振り返りざま、「一緒に飲まんな?」とわたしを誘う。「後で顔を出す」と断りを入れて、竹を割り続けた。

夕方近くになって、皆が河原から引き揚げるころに雨が降り出した。わたしは、夕食を急いですませて、トラック・マンションに逃げ込む。いつもは夕食時になると、甲高い鹿の角笛が高いところから渓谷に降りてくるのだが、今夜は聞こえない。屋根に葺いてあるトタンを打つ雨音ばかりが耳に入ってくる。夜は土砂降りとなった。

三日続きの豪雨で不土野峠越の道が土砂に埋まって通行止めになった、と尾前から来た釣り人が教えてくれた。旧道は通れる、とも言っていた。土砂崩れによる交通遮断がさして珍しいことではないらしい。人ごとのような口ぶりである。わたしは、この三日間、竹を握ることもできないで、終日〝マンション〟の中で過ごしてきたので、体がこわばってしまった。大きく背伸びをしたい。それに、河原に来てから一週間になるが、風呂に入っていない。湯タオルで全身を拭いてはいるが、湯船に浸かりたい。湯前の町営温泉・湯楽里《ゆらり》に行ってみようか。そう思い立ったら、矢も楯もたまらなくなった。ついでに食料品を買って帰ろう。しかし、不土野峠が越えられるのかどうか、不安であった。

薄暗くなってから駐車場を後にする。不土野小学校を過ぎ、自動車修理工場のある集落を抜けてしばらく行くと、通行止めの看板が道をふさいでいた。迂回路の案内表示も見当たらない。だからといって引き返す気もない。わたしよりもだいぶ先に走っていた車が、朱色のテールランプを揺らしながら横道に入っていった。あの車は旧道に入ったのに違いない。そう決めてわたしも後から続く。

いつの間にか狭い未舗装の道に変わっていた。両側の木立が深い闇をなして、他には何の明かりも目に入らない。降り続く雨の中をヘッドライトの明かりが先を照らすと、朱色のランプが見え隠れしている。あのテールランプを見失ってはならないという気持ちでいっぱいになる。無造作な運転が、ところどころに張り出している木の根にタイヤを乗り上げる。車が大きく跳ね上がり、頭を運転席にぶつけそうになった。その慌ただしい運転の最中にフッと脳裏をかすめたのは、〈師匠が歩いた道はここかもしれない〉だった。

何とかテールランプを見失わないで付いていくと、驚いたことに、対向車が現れたのである。それも一台や二台ではない。距離を置いて一〇台ではきかない数の車がすれ違った。ほどなく舗装道路に合流した。その道を右に上れば峠に出る。左への下り道はどこに通じているのか分からないが、「通行止め」の立て看板が道をふさいでいた。看板の下のほうには道路管理者の名が書かれてあり、「日向土木事務所」とあった。この山の中の熊本県境までが、太平洋に面した町の管轄なのだった。

駐車場でのホゴ作り

ようやく曇天の日々を抜け出して、晴れ間がのぞく。朝の七時ごろ、河原で食事を終えたころ、軽トラックが村道で停まる。近ごろは顔見知りも増えたので、声を掛けてくれる人が少なくない。助手席からキヌ子さんが顔を出す。この人とは何日か前に河原で出会った。そのときはサドを採りにきていた。サドとはイタドリのことで、新潟県にある地名の「佐渡」とはアクセントが異なり、ドに力が入る。何にするのかと質問したら、塩漬けにするとのことだった。そうすれば年間を通して食べられる。春先の新芽を摘み取って、春の味覚を楽しむというよりも、冬場の保存食の準備を冬が終わってすぐ始めるのだった。同じ目的でタケノコ採りもやっている。

「これから先に遊びに行ってくるから」

キヌ子さんが張りのある声を投げてよこす。「これから先に」と言うときに、目で椎矢峠の方角を指していた。開通して三日目の道を走って、峠の先にある町へ抜けようというわけである。椎葉村の北西隣は矢部町（現、山都町）である。キヌ子さんは三人の子もちであるが、すでに親元を離れ、福岡と熊本の街で暮らしている。子育ても終わり、時間にゆとりがあるのだろう。ダンナに運転させ、森の中へ消えていった。

わたしは、食事を終えて、食器類を河原で洗ってから駐車場に戻る。渓流釣りの客は滅多に来ないので、六〜七メートルある竹を駐車場の中で自由に振り回すことができた。椎葉芳一さんに頼まれたカライホゴ（背負いカゴ）を編み始める。

見本のホゴは、口が丸い。先の日添《ひぞえ》の人のは地元で古くから使っているホゴで、口が横長の楕円形である。傾斜地のカゴはどこに行っても楕円形をしている。これだと坂を上るときに、背負う荷の重心が腰の上にかかるので、首がのけぞることはない。丸い縁だと荷の重心が後方にかかり、首を取られてしまう。芳一さんも以前は楕円ホゴを使っていたそうだ。そのホゴを向山地区内の尾後崎《おごのざき》に居たホゴ屋に編んでもらったのだが、当人が故人になってしまった。このホゴ屋さんは、目と鼻の先の尾前にも出ないで、もっぱら向山に居て、向山の人の注文だけを受けて生涯を終えている。尾前に隣接する水無《みずなし》というところにひとりだけ地元のカゴ屋さんが残っていて、伝来のホゴを作っていたそうだが、今はカゴ作りを止めてしまったらしい。

芳一さんに見せられたホゴは、延岡から来た行商人から買ったものだそうだ。延岡の平坦地でなら、丸くても不自由しない。そんな延岡カゴが椎葉でも通用するようになった理由は、急斜面の農地や山林に通う場合でも　林道が隅々まで開かれているので、車で行けるようになったからだろう。プラスチック製のコンテナを荷台に積んで作場に行く人を多く見かける。それでも竹製ホゴを求めるのは何故なのだろうか。通気性があるので、収穫物が腐りにくいとか、畑から掘り起こしたばかりの根菜類の泥が取れやすいとか、あるいは水切りが良いとか、いろいろ考えられる。それとも、いくら車道が網の目のように普及したからといって、まだまだ細部には斜面の道が残っているからだろうか。

わたしは、地べたに座りあぐらをかき、下向きでカゴ作りをする。首を垂れている姿勢に疲れると、手を休めて顔を上げる。道向こうの雑木の隙間から青々とした流れが目に入ってきた。壁のように切り立つ対岸の青黒さは、気安く人を寄せ付けない厳しさがある。そんな深い渓谷の奥から流れ出ている耳川は、ここまで来ても川幅は狭いままである。豊かな水量が心地よいせせらぎを耳に届けてくれる。

朝日が稜線から漏れて来るのは九時過ぎで、午後三時過ぎには日がかげる。暗くなりかけてもキヌ子さんたちは帰って来ない。どこまで行ったのだろうかと、勝手に想像していると、尾前に建っている民宿・サキガケの主人が軽トラックでやって来た。ここまで徒歩で来る人はひとりもいない。七〇代後半と思えるこの主人は駐車場の見回り役を仰せつかっているらしく、何日かに一度やって来る。

「キヌ子さんたち、朝行ったきり、帰ってこんど」

とわたしが訴えるように言うと、主人が、

「峠を越えると、その先に行ってみたくなるもんよ」

と、普段の息遣いで答えた。周囲を壁のような岩山に囲まれていると、そんな気分になるのだろうか。一週間前の雨降りの日に、退屈しのぎに上椎葉まで買い物に出たが、その折りに民俗芸能博物館の図書室に寄ってみた。そこで目にした敗走薩摩兵の書いた『戦袍日記』を思い出していた矢先に、主人が若いころのことを語って聞かせるのだった。

「わしらが若いころ、徴兵検査でミハラ（馬見原）に行くとに、朝早ように出て、国見峠を越えて……帰って来っとが、暗くなってからやったもんねえ」

そんな難儀をしても、馬見原に出るのは嬉しかったという。「何か知らんが、都会に出てきた、ていう気持ちになったもんよ」と、キヌ子さんの気持ちを代弁するかのような物言いだった。そこには熊本市内から通ってくる乗り合いバスも走っていれば、九州でも有数の劇場も建っていたそうだ。花園座といって、熊本県では山鹿の八千代座と双璧をなす立派なものであった。主人はお喋りを終えると、「オイにもひとつ作っちゃらんね」、とカライホゴを注文して帰って行った。

駐車場に陣取るホゴ作りのことが、尾前《おまえ》や向山の人たちの噂になっているらしく、訪ねてくる人が増えてきた。ホゴの注文に来る人もいるし、差し入れに来る人もいる。都市部では考えられない交流が生まれるのは、岩壁が立ちはだかっているからには違いないが、大海原に浮かぶ小島以上に孤絶感が強いように思える。わたしは竹の修業をする前までは、鹿児島の南に浮かぶトカラ諸島のひとつである平島《たいらじま》に居た。いまは定期船の接岸港も完備したので、どんなに時化が続いたとしても、一〇日間欠航することは希である。わたしが居たころは三週間も船影を見ないことが希ではなかった。定期船は少々の波浪があっても海原を航行して島まで来るのだが、沖係りの船に島のハシケ舟を通わすことができない。一トンにも満たない舟であるから、〝台風銀座〟の異名を付けられた海では、なすすべがない。それ以前の明治時代は船が外から来ないから、自分たちが年に一度、凪の日を見計らって帆船を走らせて外へ出かけた。そんな時代は海難事故が後を絶たなかった。土佐に流れ着いた者や、反対方向の宮古島に漂着した者も居た。ともあれ、知らない人が外から入ってくるということは、ひとつの事件なのだろう。

日にちが分からなくなった。今日は差し入れラッシュである。朝、霧雨の中をユニック付き四トントラックが村道を上ってきた。

「これ、塩でん付けて食べない！」

と、車の中から大声が飛ぶ。芳一さんであった。車に乗ったまま、ビニール袋をわたしに手渡すと、そのまま走り去った。橋梁が完成して峠道が開通したとはいえ、まだ後片付けが残っているのであろう。袋の中には赤く熟したトマトが三つ入っていた。

その二は、夕方の薄暗さが始まってからであった。手元が見にくくなる前に仕事を終え、カマドの前で、鶏肉入りの野菜炒めをつつきながら、芋焼酎の霧島を楽しんでいるときであった。渓流の中から男が忽然と現れた。仕事を終えてからヤマメ釣りに来ていた尾前集落の人である。顔に覚えはあるが名前までは分からない。こっちから声をかける。

「釣れたですか?」

「暗《くろ》うして、合わすとがナカナカやもん」

その人はフライ・フィッシングを習い始めて日が浅いことを口惜しがる。

「焼酎一杯飲んでいかんですか?」

「おたくは釣れたですか?」

「いや、わたしはカゴ屋ですもん」

「カゴちゃあ?」

「竹籠《ほご》を作りよります」

「今どき珍しかですなあ。どこからお出《い》でなっとですか?」

わたしは、ほんの一瞬ためらった。

「球磨郡の錦町ですもんね、わたしが修業したところは」

嘘ではない。でもそれは二五年前のことである。今は関東で仕事をしているのだが、そんな遠隔地から来たのでは、話の流れを変えてしまいそうな気がして、より身近な地である修業先を答えた。

「ええ、錦町ねえ。わたしもよく行くですよ、買い物に。多良木にはパチンコ打ちにね」

ここの人は標高一〇〇〇メートルの峠を越えて買い物やパチンコ打ちにいくことを何とも思っていない。相手は話を続けた。

「カゴ屋さんは良かでしょうが？」

何が良いのか分からないまま、

「はあ、もう競争相手が居らんですもんね」

内実は、産業とは言えないほど萎えた職になっている。その人は帰り際に形の良いヤマメを二匹置いていってくれた。最後の動物性蛋白源を胃袋に収めたと思ったら、新たな蛋白源に恵まれた。


差し入れは続いた。昼過ぎにはマムシをプレゼントされた。ここでは丸太を刳り抜いて作った、蜂蜜採集用の筒をウトと呼んでいるが、そのウトを仕掛けにヤマに入っていった尾前さんが帰り路に河原に立ち寄ってプレゼントしてくれた。この「尾前」は姓名である。尾前集落のほとんどの家はこの名である。峠の向こう側には、北に五ヶ瀬町、南側に水上村があるが、そこにも何軒かの尾前姓があった。きっと、尾前集落から移住した人たちの末裔なのだろう。

尾前さんが「マムシは旨かろう」とわたしに誘い水を掛けながら、皮の剝ぎ方を教えてくれる。串焼きにする手順も指南に及んだ。白身のきれいな肉片が夕食のオカズとなった。この渓谷に居続けるかぎり、食材には不自由しない。近くに店屋はないのだが、百円均一の無人スタンドがあり、卵や野菜が置いてある。どの家も野菜を作っているし、卵もありそうなのだが、いったい誰を目当てにスタンドを設置しているのだろう。

今日は、土曜か日曜日のどちらからしい。県外ナンバーの車が目に付く。峠を越えて下りてくる車もあれば、尾前のほうから上がって来る車もある。上がって来る県外ナンバーの車は、ほとんどが上椎葉経由である。「久留米」ナンバーの車が停まった。中年の夫婦連れが降りてきた。駐車場の隅でホゴを編んでいるわたしの前まで、迷うことなく近づいてくる。すでにわたしのことをどこかで教えてもらったのかもしれない。

「犬を入れるカゴを作ってもらいたいんだけど」

と、無駄口を省いて注文だけする。カゴの大きさを指定した後、「カゴ代金を先払いしておくから、送料着払いで送って欲しい」と言う。ずいぶんとおおらかな注文の仕方だ。わたしは喜んで引き受けた。これで、大小合わせて一八個のカライホゴを作ることになる。他にも三種四点の注文を受けている。その三種は手の込んだ品だが、断らなかった。どんなカゴにせよ、頼まれれば、「できません」と言えないのが渡り職人の暗黙の決まりである。若い職人には庭先仕事が修業の一環であった。「だから辛い」、と師匠が笑っていたのを思い出す。

師匠を泣かせたのは、製茶器のチャペロである。球磨地方では早くに製茶工場ができたので、製茶器を作る必要がなくなっていた。その道具というのは、底なしの円筒形をしている。直径一メートルで、高さが五〇センチの筒をまず作り、その上に、蓋をかぶせる。メキシコで使われているツバ広の帽子で、ソンブレロというのがあるが、それを巨大にした形のものである。日本の麦わら帽子のように、中央部が二〇センチか三〇センチほど盛り上がっている。裾の端がわずかに反り返っているので、浅い溝が周回している。裾の直径が一メートルあり、円筒の上に乗せて蓋とする。使うときは筒底に炭火を置いて、蓋の斜面に蒸かした直後の茶葉を貼り付ける。しばらくすると、乾燥した葉が裾に転がり落ちて、周囲の溝に溜まる。それをすくい取って茶箱に収納するのだった。

師匠は、どこから編み始めていいのか分からないので、使わなくなった古いチャペロを解いて、糸口を見つけた。朝、庭に座ってすぐに取りかかったのだが、なかなか見つからない。編み始めたのが午後二時であったと言う。

わたしが受けた三種の名前がおもしろい。ウテゴ（魚カゴ）、コイカリホゴ、ハイキュウホゴである。その由来を聞いてみると、この地区の年代記を聞いているようだ。

コイ（肥やし）をかるう（背負う）カゴだから、コイカリホゴの名が付いている。牛糞をある程度発酵させた堆肥を運ぶ背負いカゴである。カライホゴを大型にしたものと言える。肥やしを撒くのは田植えのときである。現在では田植え用の苗を温室で育てるので、田植え期が早くなったが、以前は六月にならないと田植えが始まらなかった。それで、田植えのひと月以上も前に始まるタケノコ採りにも同じホゴを使った。それでもタケンコホゴ（タケノコカゴ）と言わない。どちらも大事な仕事であるが、優先順位をつけるとすれば、堆肥運びの方に軍配が挙がるのだろう。

ハイキュウホゴは、発音通りに「配給カゴ」である。「配給」などと言うコトバを耳にして、馬車が通っていた時代を彷彿とさせる。米が潤沢に収穫できなかった太平洋戦争中に生まれたコトバである。食糧管理法ができて、米が配給制度になったなごりである。尾前と向山に一カ所ずつ配給所がもうけられた。尾前はより低地にあるから運ぶ苦労は少ないが、向山の住民はたいへんである。

同地区日添に現在も開いている椎葉商店がかつての配給所であった。上椎葉のほうから馬車が、山の中腹とも言えるここまで米を運んできた。馬車道はここまでしかなかったから、配給所より高いところに住む人は、ホゴを背負って米を取りに降りてこなければならない。そのときに使ったホゴの名である。カライホゴに比べると、かなり小ぶりである。上縁が楕円形をしているのは同じであっても、ハイキュウホゴは口がしぼられている。斜面がひときわ急な地形であるから、ホゴの口を小さくして、背負い荷の重心をより下にしたようだ。

さらにこのホゴの特徴は、体裁を重んじていることである。わたしが見せてもらった見本はキリカワ小父《ジイ》と呼ばれている人が作ったものだった。胴に回してある竹ヒゴの一本一本は磨きがかけてある。つまり、竹の薄皮をむいてあるのだった。こうしておくと、数年後には竹が飴色に色づいて見た目を楽しませてくれる。磨きの他にも、補強のために力竹を外側から斜めに差し込んでアクセントを付けている。これは多分に装飾を意識して作られている。この部分も磨きがかけてある。

この制作者は、故人になっているが、その往生ぎわは誰も知らない。向山の家々を転々として庭先仕事を続けていた。七〇歳を過ぎていたのだが、飲むと陽気になり、すぐ踊り出す人だった。何でも京都で修業期を送った人で、花かごが専門分野だったのではないか、と周りの人は噂している。何年ぐらい向山にいたのかはっきりしないが、その後、峠の向こうの五家荘へ移った。そこのハギという土地で他界したそうだ。

現在でもハイキュウホゴの名前は変わらないが、買い物カゴとして使われている。わたしにできるかどうか不安ではあるが、「できません」とは言わないで、見本に借りてきた。行き交う人も希な山道を、おしゃれなホゴを背負って歩く女たちの姿は、さしずめ向山の花といったところだ。

朝、達郎さんがカライホゴを取りに来たので、今日が火曜日であることが分かった。注文をしてくれた日がいつであったかは憶えていないが、「火曜日に取りに来っで」と言い置いて立ち去ったのを記憶している。ホゴの高さが六〇センチで、楕円になった口の長いほうの径が四〇センチ、短い方、つまり厚みが二〇センチある。「四〇〇〇円にまけろ！」という勢いに押し切られてしまった。この人はウナギ釣りの名人だと、誰かが教えてくれた。雨上がりにしか顔を出さない、大型のカンタロウ・ミミズを捕まえて、それを短く切って釣り針に掛ける。しかし、近ごろはカラスが増えてミミズを先に捕られてしまうそうだ。

夕方、不土野峠を越えて湯前の町営温泉へ行く。わたし自身の距離感が変わってきたのか、不土野峠越を大仰には考えなくなった。風呂上がりに休憩室で一休みしていたら、手近に「熊本日日新聞」があった。日付を見たら、「五月二八日」となっている。日付が分かったところで、日常に変化はないのだが、何か足元のふらつきが払拭されたような、不思議な気持ちになった。

ついでに食料品を仕入れて帰る。農協の売店で以下の食料品を買う。小麦強力粉、バター、骨付き豚肉、みりん、キュウリ、ピーマン、おいしそうなパン。それと麻紐の束。

千客万来の六月

千客万来である。晴天の日曜日ということもあってか、若いお母さんたち三人が、総勢七人の子供を連れて〝仕事場〟にやって来た。子供らは車から降りた足で、河原に走って行った。キヌ子さんに前々から頼まれていたことであるのだが、お母さんたちはカライホゴを背負う紐の編み方を習いに来た。ワラジを編む要領と同じであるから、さして苦労はいらない。材料に麻紐は使う。農協売店で手に入れたものである。直径一〇センチ、長さ二〇センチの紙筒に、五〇〇メートルの麻紐が巻きつけてある。農業機械のコンバインが、刈り取った米を袋詰めにした後、その口を縛るための紐である。包装紙を見たら「中国製」となっていた。

講習を始めた直後に、芳一さんが甥と姪を連れて来た。二人とも三〇歳を少し越した年格好である。尾前のガソリンスタンドと酒屋と酒保「平家」の経営者であるケンジさん（四八歳）も合流する。総勢一五人になった。あらかじめ連絡し合っていて、河原でバーベキューをして楽しもうと決めていたらしい。講習は小一時間で終わり、わたしも仲間に入れてもらった。

汗をかくような陽気だから、ビールが旨い。酔うほどに舌が回り、のどを鳴らす。芳一さんの姪は歌がうまい。素人離れしている。毎年、上椎葉でのど自慢大会があり、いつも優勝している、と同年配の従兄弟、つまり芳一さんからすれば甥になる青年が教えてくれた。なんでも、〝椎葉の美空ひばり〟の異名が付けられているらしい。

何の話を芳一さんがしたのかは聞こえなかったが、ケンジさんが神妙な顔で聞いていた。あぐらをかいていたのを座り直して、正座の姿勢をとる。別に説教話でもなさそうだったが、先輩に対する礼をとったのだろうか。酔った勢いで、若いころにたたき込まれた行儀作法を復習しているかのように、「はあ、オジ、分かりました」と、こうべを垂れていた。

そんな賑わいのさなかに、尾前の人が車で通り過ぎた。互いに顔見知りなのだから、話の輪に合流するのかと思ったが、車の窓から半身を乗り出すだけで、降りようとしない。酒盛りの連中も呼び止めない。でも、語り合う両者はにこやかであった。ほどなくして、車は立ち去った。

ケンジさんは、神妙な表情を解いて語り出した。

「親父なんどが初めてやなあ、向山から出てきて尾前に移り住んだ者は。ワシも苦労したとですよ、溶けこむとに。焼酎でん飲まんば、でけんですよ」

両親とも向山の生まれであるが、父親が次男であったために、家を継ぐわけでもなく、大工として渡り歩いた。どんな事情かは知らないが、所帯をもったのが尾前の地である。向山から二〜三キロメートル山を下っただけであるが、そこは世界が違った。現在の三〇代の人の中には両地区間の通婚が見られるが、それ以前は皆無であった。コトバも違う。五月中旬以降に採れるタケノコの種類にコサンチクというのがあるが、尾前ではサンチクと言い、向山ではコヒャンと言う。

神奈川県道志川上流。民家の軒先での茶わんかご編み（撮影 荒川健一）

尾前には空き家一〇軒ほどを含めて八〇軒近い戸数があるが、六軒を除いた他はすべてが尾前姓である。その内の五軒は向山から下りてきた人たちで、皆が椎葉姓である。残り一軒は、戦後大分から山仕事で入ってきて、そのまま居着いている。河原での酒盛り仲間は全員が向山に出自をもっている。車で通りかかった尾前の人を誘わなかったのは自然なことだったのだろう。

尾前の人の口癖は「向山よりか尾前のほうが昔から開けと

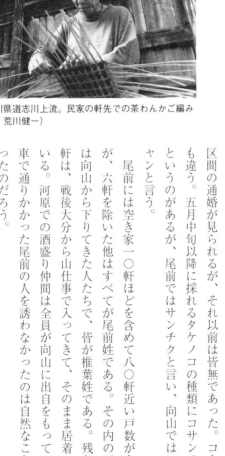

るもんね」であり、向山の人は「神楽にしても、向山から先に歌われとる」と対抗意識を丸出しにする。神楽の盛んな椎葉であるから、歌の中で取り上げられる順序はその地区の格の上下に直結する。同時に、平坦地の広狭は食料生産の多い少ないにつながり、ひいては財力の差になっていく。

そんなこともあってか、小学校の名前は両地区名の頭文字を取って、「尾向小学校」とした。「おむかい」と読む。校舎も両区の中間に建てられたが、山の中でもあり、校庭を広く確保することもままならず、学校の敷地には適地とは言えない。現在は大きな校舎が尾前に建っている。

この意識がカゴ屋にも波及していて、両地区にひとりずついて、地区の注文に応じていた。向山・尾後崎のカゴ屋と尾前地区水無のカゴ屋は、隣同士の区なのに自分の持ち場から離れない。おおげさに言うと、敵地には乗り込まない習慣が身についている。

竹切りに行かないと材料が手薄になってきた。芳一さんの竹ヤマに切りに出向こうと思いつつ、どうしても手近なところで調達してしまう。わたしは、尾前地区にあって、河原から一番近くの尾前一男さんに竹を切らせてもらったのだが、そのお礼に箕の修繕を引き受けた。わたしは箕を作ったことも修理したこともないが、見せてもらった限りではわたしの手に負えそうだった。このまま朽ちてしまうのはもったいないと思い、作り手の技を損なわない注意を払いながらやってみようと決めた。

竹細工と箕作りとは同じ職業だと思っている人が多いのだが、実際には職種が違う。細工道具の違いは当然として、使う材料も違う。箕は藤の皮、桜木の皮、エゴの木、笹が使われるが、竹細工は竹とつづらと呼ばれている藤蔓の一種を使う。カゴ屋が使う竹の種類は孟宗竹や真竹や破竹がほとんどである。笹類を「竹」とは呼ばない。

わたしは、身近に笹を見つけることができなかったので、竹の柔らかい部分を使って修理をした。使い手が丁寧に扱っているとみえて、修理箇所が少なかった。仕上がった箕を持って一男宅の勝手口を訪ねた。八〇歳に近いと思われる老女が受け取ってくれた。受け取りながら、その箕の来歴を語ってくれた。それによると、当人の義母が娘時代に手に入れたものだった。その義母は三〇年前に八〇歳で他界しているのだが、当人がこの家の嫁に入ったときに義母から譲り受けた。この話から箕が作られた日時を算出してみようと試みた。「娘時代」や「嫁に入った歳」を二〇歳とし、現在の当人を八〇歳と仮定するならば、そして、義母との年齢差を二五歳とすると、少なくとも八五年前になる。箕の本体は丈夫にできていて、まだまだ使えそうだ。

夕方、暗くなってから食事の準備に取りかかる。朝から駐車場に車が一台停まっていて、その持ち主らしい二人づれの男がわたしのほうへやって来た。聞いてみると、熊本市内からヒメマス釣りをしに来たのだった。川の下流にダムができて、海に戻れなくなったマスに付けられた名前だそうだ。一人は根っから釣りマニアであった。サーモン釣りが大好きで、最近もカナダに行って来たそうだ。海の向こうまで足を延ばすことと、釣り行脚で椎矢峠越えをすることとが同列に置かれているのが新鮮に思えた。それほど遠距離移動が特異でなくなったということなのだろう。こうして関東から椎葉村に〝庭先仕事〟に来ること自体が、同じ穴のムジナである。

わたしは、二人に焼酎を勧めたが、「これから車を運転して帰るし……飲みたいけどなあ」と残念がる。代わりに、「コーヒーが飲めれば、ありがたいが……」と言う。「四〇分待てるか？」と聞き返す。「待つ」と言う。

わたしは、関東からここに来る途中で、長野県の大鹿村に立ち寄った。そこで暮らす友人は無農薬栽培のグアテマラ・コーヒーの仕入れと販売をやっている。その友人から生の豆を大量に贈られたのである。それを焙煎する段階から始める。焙煎機があるわけではないから、カマドの弱火でフライパンに入れた薄緑色の豆を根気よく焙煎する。今度は焙煎された豆をひくミールがないから、日本手ぬぐいで豆をくるみ、それを石の上に置き、別の石で叩きつぶす。細長い石を杵代わりに握って、豆を粉になるまで砕く。どちらの工程も二〇分かかる。飲めるようになるまでが四〇分というわけだ。

わたしは、その場を明るくしたくなり、手製のローソクをともした。市販のでは風で吹き消されてしまうのに、この火は消えない。燃料はイノシシの皮下脂肪である。わたしは、冬期にシシを何頭か解体して、肉を友人たちに配るのだが、皮は自家用の敷物として取っておく。その皮をなめすとき、厚い脂肪層をこそげ取る。そうしないと腐敗してしまう。その脂を瓶に集めて、中に灯心としてたこ糸を埋めるだけでできあがりである。獣の脂が風に吹かれても消えないことを古代人も知っていたはずである。夜、洞窟で寝るとき、入り口にこうした明かりをともすことで、猛禽類の侵入を防いだことだろう。

できあがったコーヒーを一口飲んで、先の釣りマニアが「ウーン」となった。しばらくして、「コーヒーが好きで、あっちこっちで飲んだが、五本の指に入るな」と褒めてくれた。立ち上がるとき、自分が被っている帽子を脱いで、「これ、お礼に置いていく」といって、つば付きの帽子をわたしにくれた。その人にとっては由緒あるものらしい。前頭部に刺繍がしてあって、「NANAIMO」とあり、その下に小さな文字で「canada」とあった。サーモン釣りに行ったとき、カナダで手に入れたものなのだろう。

ナグレ者のホゴ作り

梅雨の前触れなのか、ここ何日か曇天が続いていたが、今日は朝から晴れ間がのぞいた。午前中は竹細工をして、午後は芳一さんのヤマに竹切りに出かける。竹ヤマの在りかはすでにおそわっているので、道順は分かっている。

河原を発って、四キロメートル弱の川筋沿いの道を下ると尾前に出る。その先の半キロにわたって広がる尾前集落にはギラギラとした初夏の日差しが照りつけていた。民家の密集地帯を過ぎてから右折し、水無川に沿った登り道を行く。標示板が曲がり角に立っていて、「五家荘　34キロメートル」とあった。キリカワジイの行き着いた先である。

三～四キロメートル上がると、「日当《ひあて》　0・5キロメートル」の標示が目に入る。右上に向けた矢印が添えてある。右斜め前方に入る道は緩い下り坂になっていて、降りきったところに小さな橋が架かっている。水無川を跨ぐと、今度は急な上り坂にかかる。五〇メートルも行かないうちに、道路の右下に民家の屋根が見えた。家は細長く継ぎ足されていて、斜面に張り付くようにして水無川へと向かっている。屋内は段差だらけなのかと想像した。竹ヤマは道を挟んだ反対側の崖上にある。

ヤマは、急斜面の奥のほうまで広がっていた。杉の植林が直径三〇センチほどに成長している。その合間に黒竹が立っていた。真竹のことを本竹《ほんちく》と呼ぶところもあるが、黒竹の呼名はあまり聞かない。竹の皮が黒みを帯びているからだ、と誰かが説明してくれたことを思い出す。奥のほうに行くにしたがい黒竹が少なくなる。杉の成長の邪魔になる黒竹を切り払ったのかもしれない。

わたしは首を天に向け、通りの良い竹を探し回った。鋸を出して根元を切る。三枚一〇〇〇円の使い捨て鋸刃である。竹ヤマのためにも、仕事の効率から考えても、鉈で切り倒すのが良いのだが、車に置いてきた。刃を研ぐ時間がなかったのである。鉈を根元に向けて斜めに振り下ろせば、たやすく切れる。それと、このほうが大事な理由であるが、竹の繊維は横にはなく、縦にしかない。それだから、上から下に刃を切り込めば、切り口に縦の細い割れ目がいくつもできる。そこから雨水がしみこんで、切り残された株の腐敗を早める。根元がいつまでも健在だと養分をその部分に取られるから、次年度に芽を出す竹の生長にとって思わしくない。鉈を使うのは、少しでも良質の竹を育てようとした先人たちの知恵である。今は竹の用途が限られているから、そうした配慮は不要になっている。このヤマも杉を育てる邪魔をしているのが竹であった。

六寸竹を四本と七寸竹を二本切る。「何寸竹」という言い方は竹の太さを表している。竹は胸の高さのあたりが一番太くなるので、その部分の円周で測る。これは竹が商品として売り手市場だったなごりである。わたしが修業期を過ごした一九七〇年代後半の球磨盆地では、一束が一〇〇〇円から一二〇〇円で売買されていた。七寸竹なら四本で一束、六寸のであれば六本で一束となる。今、わたしは竹を現金で買う必要がないから、何束になるかを計算しなくていいのだが、太さは選ばなければならない。注文品の種類にもよるが、細工し易い太さがある。八寸竹は太すぎるし、四寸以下の竹では細すぎる。

寸法の計り方は、例えば四寸竹であれば、円周が三寸六分より長く、四寸五分より短い竹をさしている。つまり、「五捨六入」なのだった。わたしが学校で教わったのは「四捨五入」である。これは「ゼロ」という数字を人類が頭の中で考え出して以降の計算方法である。竹を切りながらわたしは『竹取物語』に出てくる竹取の翁が身近に感じられた。翁も同じように竹の太さを計算したであろうから、ふたりは「ゼロ」のない世界の住人といえる。

崖の下に竹を滑り下ろしてから、本人も転げるようにして道に出た。〝マンション〟の屋根に取り付けた金属製のフックに縛り付ける必要がある。駐車させている道の勾配も半端ではないから、竹が屋根の上で滑り落ちないように、慎重に結束する。わたしが屋根に上って作業をしていると、軽乗用車が脇をすり抜けようとして、ゆっくり下ってくる。わたしは竹をロープで固定しようとしていた手を休め、下を通る車に大声を掛ける。

「すんませーん、通れるかな?」

いかにも、申し訳ない、という顔で見下ろす。車は道肩に寄ってから停まった。運転席から半身になって顔をだしたのは七〇歳前後の丸顔の男であった。

「何をしよっとか?」

ドスの効いた声が飛んできた。わたしは竹泥棒と思われてはいないかと思い、弁解口調で答える。

「芳一さんチの竹を切らしてもろうとります」

「ワがは何をしよっとか?」

「カゴ屋です」

「竹切って何をしょっとか、て?」

「ホゴ作りしよります」国籍不明のコトバから察するものがあったとみえる。

「どこからね? 車のナンバーは『袖ケ浦』てなっとるが」

語調は強かったが目元を緩ませて喋り続けた。

「珍しかなあ、ホゴ作りちゃ。昔はどこそこから来よったが、近ごろは見らんなあ。大分辺からも何人て来よったろう。夫婦連れもおったなあ……どこに泊まっとる?」

わたしは尾前の河原での日々を簡単に説明した。

「尾前の河原に停めてなあ？　このご時世や、どこぞの家でん泊まらんか！　車なんどに寝らんで！　な？　ヤマメ釣りに街から来る衆とは違うとやから、何の遠慮もいるもんな、仕事に来とるんやし」

わたしは、なんだか嬉しくなった。

「どれ、見せてみない？　どげなと作っとっとか？」

わたしは屋根から降りて、助手席に積んでいた背負いカゴを見せた。

「まあ、これは女、子どもの背負《かる》うとや。まあちった、太うせなあ。竹ヒゴもこの倍の幅があってよか。体裁はいらんとじゃから。丈夫にありさえすれば良か。良かとを作ってみない。オが買《こ》うてくるって」

その人はホゴ作りの話に区切りをつけると、自分のムラのことを語り出した。行き交う車もない。

「向山、そらあ、外から来た人が見れば、こげなところに人が居るか、ていうふうで、八〇戸、今は空き家も有っから七〇戸ばかりやが、こげなところに住むちゃあ……そりゃ、役者やろう？」

そう言って笑った。傾斜が激しくて、隣の家が足がすくむような直下に見えたりする。そうした地形を怖がりもせずに暮らしている人びとを「役者」と表現したのだろうか。

「オがところには竹が有って切ってよか」

そのコトバをシオに下って行った。わたしは、竹が滑り落ちないかと気が気ではなかった。しばらくして、また下り車があった。こんどは軽トラックである。窓から顔を出した人は先の人と似たような年格好であった。

「何しよっとね？」

「竹切り。ホゴ作りです」

「ホゴ？　見せんな」

ハリネズミのような剛毛を白くたくわえた人で、歯切れが良かった。

「これなあ？　近ごろはあんまり太かとはいかんで、少し小《こ》まんかとにせんなあ。良か大きさやが……上手に作りよるなあ」

わたしは、言われるままに黙っていた。

「芳一が言うとったとは、あんたのことやなあ。『どうせ、ナグレ者のホゴ作りやろう』て言うたとが、芳一が何やかやオ（俺）に説いとった」

ナグレ者の響きが耳に触れたとき、わたしは不思議なことに、弾んだ気分になった。それは数日前に出会った人の会話が下敷きになっていたようだ。その人はヤマメ釣りに河原にやってきた五〇前後の男の人であった。わたしが入れたヨモギ茶をすすりながら言うのだった。

「河原でホゴ作りしとる人が居る、とは芳一アニから聞いとったが、こうして語ってみるまでは、気に掛かったですよ。どげな人がオドモのムラに居っとか、て」
その人は、正直に胸の内を明かしてくれた。峻険な山岳に囲まれて住んでいたら、誰であれ、外から入ってくる人のことは気掛かりである。

暗くなってから河原で夕食を摂っていると、岳壁を上り詰めた稜線近くから鹿の角笛が舞い降りてくる。見上げる空は青々としていて、星屑が今にも降ってきそうだ。小さな点滅光が椎矢峠のほうから南へ移動している。福岡空港から飛び立った飛行機が鹿児島か沖縄に向かっているのであろう。井戸の底のような地にはジェット噴射音すら届かない。耳川のせせらぎを聞きながら、芳一さんが掛けてくれたコトバを思い出す。「師走になれば、ムラのどこもかしこも神楽舞で賑やかやから、それまでは河原に居れよ」と誘ってくれた。椎葉村入りした初日に、気持ちを沈ませて水上村へ逃げ出したことが、遠い日の出来事に思われた。

六章　漂泊の民サンカ

筒井　功

ある男性の生涯

昭和三〇（一九五五）年九月一〇日の夕方、埼玉県の中部域に位置する比企郡小川町奈良梨の諏訪神社（いまは八和田神社となっている）境内から、同町小川の小川赤十字病院に向かって走る救急車があった。運ばれていたのは、四〇代半ばとおぼしき男性である。男性は腹部の激痛を訴えており、病院へ着く前に死亡した。

男性は、梅田留吉といった。職業は箕《み》作りであった。農具の箕を製作し、傷んだ箕を修繕して生活費を得ていたのである。この日、梅田は内縁の妻、川田イシが近在の農家をまわって修繕の依頼を受けた数枚の箕を、神社の境内にある池のほとりで繕っていた。そのさなかに胃の痛みに襲われ、妻は近所の人びとの助けを借りて救急車を呼んだのだった。

通常の死に方とは少し違っていたため、警察が急死した男性の日ごろの健康状態や身元などについて、それなりの調査をした。司法解剖か、少なくとも行政解剖にまわされたことは確実で、確認はできないが、死因はおそらく重篤な胃潰瘍か胃癌だとされたと思われる。梅田は、ふだんからしばしば胃痛に苦しんでおり、そのたびに重曹をなめていたことが妻や周辺の者たちの証言によって裏づけられた。病死であったことがはっきりし、事件性はないとの結論になった。

警察が首をかしげたのは、梅田がいつ、どこで生まれたのか、妻も仕事仲間も知らないことだった。いろいろ手を尽くしたが、結局、本籍はわからずじまいであった。夫婦とも所持金は、ほとんどなかった。死者は小川町の公費で火葬に付された。

当時、梅田夫婦は奈良梨から南東へ六キロほど離れた比企郡嵐山《らんざん》町菅谷の都幾《とき》川べりに建てた小屋に住んでいた。それは、きちんとした家ではない。半日か、せいぜいで一日もあれば構えられる広さ六畳ばかりの仮の宿りであった。そのような住まいに寝起きして、箕の製作、行商、修繕をたつきとする職業者を地域では「ミナオシ」と呼んでいた。箕直しの意であることは、いうまでもない。

生前の梅田留吉。埼玉県嵐山町菅谷の小屋で（『サンカの社会』より）

ミナオシは、そのころの関東あたりの農村部では珍しい存在ではなく、しばしば無籍者が含まれていることは、とくに警察の捜査部門にいる者は知っていた。梅田がそのミナオシの一人であることがわかったとき、警察も本籍を突き止められないことに納得したかもしれない。

梅田のようなミナオシの人生が文字記録に残ることは、めったにない。ところが、この人物の場合、少なくとも三つの文献に何らかの形で登場する。稀有の例といってよいだろう。右に挙げた事実のうち、梅田の死亡時のいきさつは、佐伯修「サンカの足跡を訪ねて」(『マージナル』第四、六巻、現代書館、一九八九年に所収)によっている。

梅田留吉、川田イシ夫婦が嵐山町菅谷の都幾川(荒川水系越辺《おっぺ》川の支流)沿いで暮らしていた小屋が、どんなものであったか正確に知ることができる。山窩小説家、山窩研究者として著名だった三角寛《みすみかん》の代表作『サンカの社会』に、数葉の写真が載っているからである。

三角は、そこで梅田を「京都府福知山のサンカ」だと説明している。これは同書に充満している意図的な作為と虚構の一例で、事実ではない。その小屋に座っている人物が梅田にほかならないことは、彼と長いこと暮らしていた何人かが明言している。写真は埼玉県嵐山町で撮影されたのである。三角がなぜ、そんな嘘をついたのか、ほかにどんな作り話を語っているのかについては、拙著『サンカの真実　三角寛の虚構』(文春新書、二〇〇六年)に詳しく記してあるので、本稿でこれ以上言及することはひかえておきたい。

菅谷の都幾川の土手や河原に小屋を構えていたのは、梅田夫婦だけではない。ほかに、

- 久保田辰三郎(一八九二年の生まれだとされている)
- 大島太郎(一九一五年ごろの生まれ)

・小川作次（一九一六年ごろの生まれ）
・伊藤昇（一九三〇年生まれ）

と、その家族である。

五家族はみな、梅田夫婦と同じ仕事で収入を得ていた。すなわち、ミナオシである。ただし、大島、小川、伊藤の三人は普通社会の出自であり、箕の修繕しかできなかった。箕の製作技術を習得するには長い年月を要し、人生の途中でミナオシの社会に入った者は、たいてい修繕のみをして暮らすことになる。

箕を製作している久保田辰三郎と、修繕中の松島ヒロ
(『サンカの社会』より)

その代わり、彼らは文字の読み書きができたが、梅田や久保田のようなミナオシの家庭に生を得た者は、大正時代の半ばごろまではほぼ無籍であり、学校へも行かないのが普通だったから、まず例外なく文盲であった。五人の妻たちのうち、川田イシを除く四人はやはりミナオシ社会の生まれで、文字能力を全く欠いていた。

昭和二〇年代末ごろの時点で、五家族のうち子供がいたのは久保田辰三郎と大島太郎の一家だけで、その総人数は二〇人弱であった。住まいは、いずれも梅田のそれと大同小異の小屋である。彼らは仕事の注文がほとんどなくなる冬の数カ月間、菅谷の都幾川べりで過ごし、農繁期の春から秋にかけて近郷の農村を回遊しながら、箕の販売と修繕の注文をとって歩く。まわるのは日帰りができない地域が多い。そんなときは仕事先で泊まることになるが、決して宿屋は利用しない。菅谷と同じような小屋を建てたり、神社や無住の寺の軒先や床下で雨をしのいだりする。古墳時代の横穴墓や古墳の石室にもぐり込むことも珍しくなかった。彼らは何カ月かを過ごす菅谷の小屋も、ほんの一夜の寝ぐらも「セブリ」と呼んでいた。そこで生活することも、一晩だけ泊まることも、また単に眠ることも「セブル」である。この言葉はフセル（伏せる、臥せる）の転倒隠語だとされ、彼らのような非定住民や漂泊民、各地を流れ歩く職人らのあいだで広く使われていたことが知られている。

前記「サンカの足跡を訪ねて」には、梅田留吉が茨城県や現千葉県印西市草深《そうふけ》にセブっていたことがあったらしいと述べられている。わたしは、これを手がかりに梅田の出身地さがしを始めている。平成一三年のことである。

わたしは、すでに知り合っていた茨城県筑波山麓に住む、もと箕作りの相沢実（仮名、一九二二年生まれ）を訪ねた。相沢は箕作りのかたわら、かつては箕の仲卸しもやっていた。広い範囲の箕作り職人から箕を仕入れては、小売り商に卸していたのである。そのため、とくに茨城県内の同業者の事情に通じていた。相沢は、わたしの問いに、

「下の名前はわからないが、牛久の女化《おなばけ》（現茨城県牛久市女化町）に梅田という箕作りが住んでいた」

と答えたのだった。女化は同県の南部に位置して、千葉県印西市草深にも近い。

その近辺で聞取りを始めてすぐ、「梅田さん」のことがわかった。ある年齢以上の農民で、「箕を作っていた梅田さん」のことを知らない者は、ほとんどいなかったのである。その中の何人かは、一家はもとそこから南へ五キロほどの龍ケ崎《りゅうがさき》市根《ね》町にいて戦争前、女化に移ってきたとも話したのだった。ただし、その時点で一家はすでに、いずれかへ転居していったあとであった。梅田家の旧宅は、このときパチンコ店の駐車場になっており、その隣に住む昭和二(一九二七)年生まれの女性は、わたしの聞取りに対して、

「昭和二〇年代ごろまで、主人の市太郎さん(仮名)が箕を作り、奥さんのキヨさん(仮名)がその箕を売ったり、箕直しの注文取りに歩いていた。箕作りをやめたあと、市太郎さんは近くの清掃工場に勤めていたが、二〇何年か前に亡くなった。市太郎さんは、とても背が高くて色が黒かった。留吉という人は知らない」

と説明している。

市太郎の外見上の特徴を耳にして、わたしにはぴんと来るものがあった。都幾川の河原にセブっていた梅田留吉の仲間の一人、久保田辰三郎の長男、松島始(一九四〇年生まれ)から、

「留さんは、おっかないくらい背が高くて、色が真っ黒だった」

と聞いていたからである。兄弟か、ごく近い親族の可能性が高そうであった。なお、長男が松島姓を名乗っていたのは、久保田は昭和四四(一九六九)年に七七歳で病死するまで無籍であり、

母松島ヒロ（一九一五年生まれ）の籍に入っていたためである。

梅田留吉の出自については、右のほか思い出されることが、もう一つあった。柳田國男が一九一五年に雑誌『郷土研究』に発表した「茨城県の箕直し部落」と題した短い報告である。その該当部分は次のようになっている。

稲敷郡龍ケ崎町字根町　二戸四十人
箕直し、野卑にして乞丐《ほいと》の如し

これは、明治四三（一九一〇）年末、茨城県警察部が実施した県内の「新平民部落調査」を引用したものである。

これによって当時、龍ケ崎の根町に二家族、四〇人のミナオシが暮らしていたことが確認できる。市太郎はもちろん留吉も、その一族の出ではないかと推測された。

一族の末路

柳田國男の報告に見える「二家族四〇人」が直系親族だけで構成されていたとは考えにくいが、大家族であったことは間違いあるまい。彼らが小屋を構えていたのは、龍ケ崎市根町の愛宕神社の下である。その最後の姿を目撃した人がいた。神社から三〇〇メートルばかり東で生まれ育った桶職人、根本信男（一九二七年生まれ）である。

根本は、神社下の「ミナオシの小屋」の前を通って小学校へ通った。その小屋は道のわきの藪を開いたようなところにあって、わりと大きく三畳か四畳半くらいの部屋が三つほどあった。小屋には初老の男が独りで暮らしていた。姓を「梅田」といった。梅田は小屋で箕を作っていた。根本は学校の帰りに立ち寄って作業をじっと眺めたこともある。

梅田は、簓《ささら》を作ることもあった。簓は茶道で使う茶筅《ちゃせん》を大型にしたような道具だ。釜などを洗うときや、角ばった容器の隅のごみを払い落としたりする際に用いる。根本は、それが何かわからず、帰宅して父親に訊いたら「それは簓だ」と教えられたという。小屋には筵《むしろ》が敷いてあり、そこに見知らぬ男たちが座っていることもあった。昭和一〇年代初めごろのことである。

根本が見た「梅田」と、梅田市太郎は同一人物ではない。年齢が合わないし、「梅田」は当時、独り身だったのに、市太郎には妻子がいたからである。しかし、彼らはいずれも明治末ごろに「一家族四〇人」が集住していたというミナオシ集団の一員であった。それが三〇年ほどのちには、たった一人になっていたのである。立去った一組は、市太郎の一家であった。もう一組が留吉であったことは、確証はないとはいえ、市太郎と留吉との偶然とは考えにくい外見上の類似から、まず疑いあるまい。

市太郎一家の墓は、龍ケ崎市内のある寺に残っている。平成一七年現在で、そこには一一人の名が記されていた。そのうち最初に亡くなっているのは女性で、明治二六（一八九三）年、行年は七二歳であった。逆算すれば、文政五（一八二二）年の生まれということになる。市太郎は明治三六（一九〇三）年、妻のキヨは同四二年の出生と計算できた。キヨの死亡は平成一五年であった。転居先で亡くなり、龍ケ崎の墓に納まったのである。

墓碑に名が刻まれた一一人のうち、五人には行年が記されていない。わからなかったのであろう。有籍であれば、そんなことはあり得ない。一家が籍を得たのは、第二次大戦後になってからのようである。そうだとするなら、最も早く亡くなっている女性の行年も、一族のあいだに伝えられていた伝承によるものかもしれない。

梅田留吉は、いろいろの情報を総合すると明治末年ごろの生まれだったらしい。仮に同四三（一九一〇）年だったとしたら、市太郎より七歳の若年になる。二人は兄弟だったのではないか。いずれにしろ、何らかの事情で生活の場を埼玉県の中部域へ移し、そこで急死している。小川町の町費で火葬されたが、墓は造られていないと思う。

留吉の仲間の一人だった前記、伊藤昇は留吉について、わたしに、

「あれこそ、生粋のセブリ者だった」

と話していた。たしかに、その生涯はサンカとは何かを問わず語りのうちに語っているといってよいだろう。

最も遅くまで存在した漂泊民集団

平成一九年五月、わたしは石風呂《いしぶろ》の取材で現大分県豊後大野市のあちこちを歩いていた。石風呂は、炭焼き窯か古墳の石室のような密閉空間で海藻や松葉などを焼いたあと、その上に敷いた筵に体を横たえる蒸し風呂のことである。同市は、近年まで石風呂が広く焚かれていた土地であった。

その際に出会った緒方町軸丸《じくまる》の吉良隆則（一九一九年生まれ）から、この一帯で移動を繰り返していた非定住民について貴重な教示を得ることができた。

同氏によると、この地方では竹箕《み》と桜箕の二種類の箕が使われていたという。竹箕は竹（ほとんどが真竹）だけで作った箕であり、桜箕は縦材にヤマザクラの皮を用いた箕である。ちなみに、前章で紹介した梅田留吉らが作っていたのは、縦材にフジの皮を使う藤箕であった（横材は桜箕がキンチクダケ、藤箕はシノダケである）。吉良は自宅に、むかし父親が買ったという見事な造りの大きな桜箕を持っていた。

「その箕の行商や修繕に来ていた人たちがいたと思いますが、彼らのことを何と呼んでいましたか」

と、わたしは訊いた。

「ソウケ（笊《ざる》の一種）を売りにくる者を含めて、ヒニンとかおヒニンさんと呼んでいたね」

「ほう、その人たちが、どこに住んでいたか知っていますか」

大分県竹田市飛田川のアシカタブチ。淵そのものは、すでにない。背後の山すそに岩窟がある（筆者撮影）

「どこということはない。あちこちの川べりの岩穴なんかだよ。普通の家じゃない。だからヒニンと言ってたんだ」

阿蘇山や周辺には、火山灰が堆積して固まった凝灰岩の地層が至るところに分布している。その深部はがちがちに硬くなっているが、上層部はやわらかくて細工をしやすい。大分県あたりの石風呂は、たいてい凝灰岩を防空壕《ごう》のような形にくり抜いて作ったものである。そういう地層が川に面していると、水の浸食によって容易にえぐられ、庇《ひさし》の付いた岩窟ができる。川床の低下や地面の隆起で、それが地上よりやや高くなれば風雨をしのげるかっこうの住みかになる。ヒニンと呼ばれる集団は、そんな場所を寝ぐらにしていた、と吉良は言ったのである。

吉良は、第二次大戦後まで彼らがしばしば集まり住んでいたところとして、豊後大野市に隣り合った竹田市の「ミサゴ」と「不動さまの岩穴」を例に挙げた。とくにミサゴには、たくさんのヒニンが集住しており、

「それで箕の行商人のことを、この辺ではミサゴの人とも言ってたよ」

ということであった。

しかし、吉良が暮らしてきたのは豊後大野市であり、「ミサゴ」や「不動さまの岩穴」の正確な位置を説明できなかった。一方、聞く方のわたしには土地勘がない。結局、このときは二つがどこなのかわからなかった。

吉良隆則の教示は、もっと詰めてみる必要があった。わたしは帰宅して、まずミサゴがどこか調べにかかった。ところが、竹田市には「ミサゴ」「ミサコ」の音をもつ小地名がいくつかある。そのうちの飛田川字三砂《ひだがわあざみさご》がどうもそれらしいと気づいたのは、しばらくたってからであった。

このあたりから南方へ七、八〇〇メートルの稲葉川（大野川の支流）には、「アシカタブチ」と通称されているところがある。そうして、このアシカタブチのまわりに箕と竹細工を生業とする非定住民が、かつて何家族も住んでいたとの報告が少なくとも二つ出ていたからである。すなわち、鳥養《とりかい》孝好『大野川流域に生きる人々』と服部英雄「岩窟に住む家族たち」（別冊歴史読本第二九巻第一九号『歴史の中のサンカ・被差別民』に所収　新人物往来社、二〇〇四年）である。

両著を読み返してみると、吉良の話とよく符号する。前者によって、わたしは「不動さまの岩穴」が、竹田市街の南西五キロほど、同市岩本の不動岩洞穴らしいことも知った。

アシカタブチはJR竹田駅の南西一キロくらい、稲葉川が北方に向かって口を開けたU字状に急屈曲した付近に位置している。その底に当たるところを指す名前である。もとは深くよどんだ淵であったが、のち二車線の舗装道路が敷設されて淵は消えてしまった。そのそばの河原に建てた小屋と、すぐわきの山麓の岩窟に、かつて多いときには何十人ものヒニンと呼ばれる人びとがセブっていたのである。

彼らの主たる生業は、箕とソウケの製造・行商であった。箕は桜箕であり、ソウケは楕円形の笊の一方に口が開いた格好の、特徴的な形状のものである。

彼らのセブリを確かめたくて、わたしが竹田市や豊後大野市を訪ねたのは、吉良に会ったときから四年半ばかりのち、平成二三年秋のことだった。そのころになっても、両市にはヒニンのことをはっきりと記憶にとどめている人が、いくらでもいた。ヒニンと呼ばれる集団は昭和四〇（一九六五）年代まで、岩窟を転々とする漂浪生活をつづけていたのである。それは、わたしが知るかぎり、わが国で最も遅くまで存在していた漂泊民の集団であった。

平成二三年九月、竹田市・稲葉川の通称アシカタブチ跡から二〇〇メートルばかり下流を歩いていた昭和一四（一九三九）年生まれの女性は、わたしに次のように話している。

「わたしがここ（竹田市天神）へ嫁に来たころには、まだあそこにたくさんのヒニンがいました。ソウケなんか作ってましたね。箕も作っていたと思います。あの人たちは、いま竹田のあちこちに分かれて住んでますよ。ときどき見かけることがあります。どこかに勤めたりしてるんじゃないですか」

「あそこ」とは、淵に面した河原と、その背後の岩窟のことである。河原には、梅田留吉ら都幾川べりにセブっていたミナオシ集団の小屋と似た小屋が、いくつか建っていたらしい。

「竹田のどこかに、新しく家を建てて住んでるんですか」

わたしは何気なく、ほかの地方での非定住民たちのその後を念頭におきながら、そう訊いた。

「いえ、間借りとかで」

これが答えだった。そこには、家を建てるなんてとても、といった響きがあった。

それはともかく、女性は少なくとも彼らの一部が当時どこに住んで、どんな暮らしをしているのか、だいたいは知っていたことになる。そのような人は、いまも竹田あたりにはいくらでもいることだろう。

アシカタブチから東南東へ六キロほど、豊後大野市緒方町辻に住む昭和八(一九三三)年生まれの男性の話は、彼らの生態をよく伝えている(以下に文章体で記す)。

「自分は農民だから、箕はよく使っていた。竹だけでできたものと、縦が桜の皮のものとがあった。箕はヒニンが売りにきた。彼らはソウケも売っていた。先がすぼまったやつだ。どちらも素人には作れない。この辺をまわっていたヒニンは何家族もいた。彼らは、あちこちの川べりにある岩陰で寝起きしていた。天幕というのは見たことがない。ヒニンは一つの穴に何日とか、せいぜい一カ月くらいいて、それからどこかへ行ってしまう。いつの間にか来て、いつの間にかいなくなった。だいたいは妻が子供を連れて行商や、箕の修繕の注文取りに各農家をまわっていた。修繕を頼むと、いったん穴へ持ち帰って、それから直したものを持ってきた。自分も何度も頼んだことがある。子供たちは学校へは行っていなかった。ヒニンの子供と遊んだことはない。親から遊んではいけないと言われていた。それは向こうも、わかっていたのではないか」

わたしは、バス停に立っていたその男性に声をかけ、病院へ行くところだと知って、緒方の町場まで送っていった。前述の話は、そのあいだに聞いたのである。

この男性はヒニンの子供と遊んだことがなかったが、竹田市岩本の不動岩洞穴のすぐ近くに住む昭和一〇（一九三五）年生まれの男性は、彼らと遊んだことがあった。

「あそこは岩が庇のように突き出していて、雨は防げるが穴ではない。多いときは五家族くらいのヒニンが、いっとき暮らしていた。仕事は主にソウケ作りだった。うしろの山の桜の皮がはがれていたので、箕も作っていたと思う。彼らは夏など前の川（大野川）へ行って体を洗ったりしていた。自分も川でヒニンの子供たちと水浴びをしたことがある」

ここの岩窟は前記、豊後大野市緒方町の吉良隆則が言った「不動さまの岩穴」のことである。右の昭和一〇年生まれの男性の妻は、そこへ同四〇（一九六五）年に嫁に来たということだったが、そのころでも、まだ少なくとも一家族のヒニンが穴にいた。ただし、岩陰の中に小屋を建て、風呂も作っていたという。すでに半ば定住していたのである。

地域社会での呼称さまざま

大分県竹田、豊後大野両市で、わたしが聞取りを行った住民のうち、おおむね昭和二〇（一九四五）年より前に生まれた人びとは、ほとんど全員がヒニンのことを知っていた。その数は一〇人ほどだが、いずれも先に挙げたような集団をヒニンと言っていたのである。ただし、前記「岩窟に住む家族たち」にはカンジンの語も報告されている。

既述のように、彼らと同種の職業者は埼玉、茨城県ではミナオシと呼んでいた。この呼称は関東地方全域に及んでおり、さらに福島県の太平洋岸いわゆる浜通りにもある。また、関東に接した中部地方の一部でも使われていたことが確実だが、その範囲が正確にどこまでになるか、わたしには確認できていない。関東では、ほかにミーブチの語も通用している。また、福島県浜通りや埼玉県あたりでは、テンバという言い方もあった。

ヒニンは九州の、とくに北部に特徴的な呼称であったらしい。福岡県京都《みやこ》郡豊津村（現みやこ町）出身の作家、葉山嘉樹は短編『凡父子』（一九四〇年発表）の中で、彼らとおぼしき漂泊民を取上げているが、やはり「非人」の名で呼んでいる。同じ呼び名が、ほかに愛媛県などにもあったことが知られている。

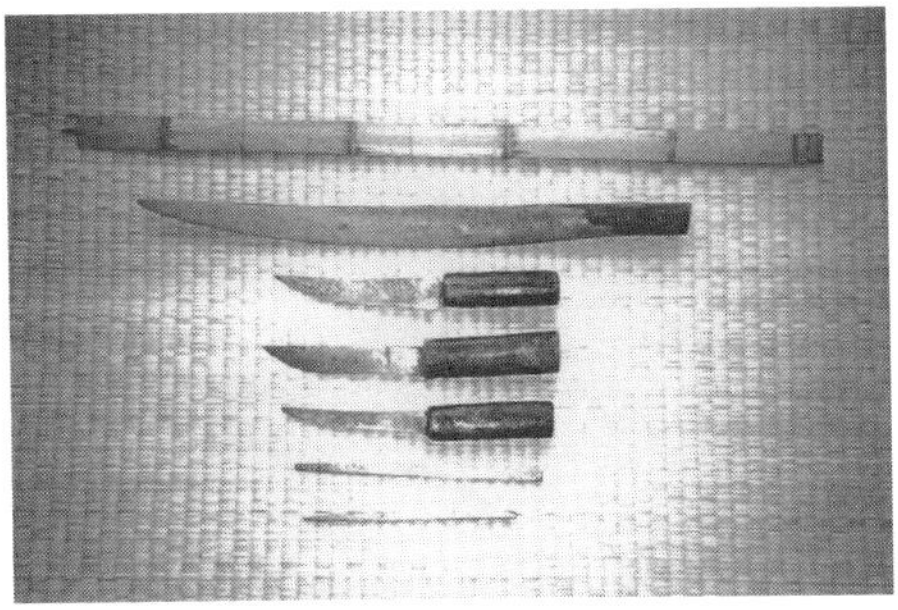
関東地方のミナオシが使っていた箕作り、箕直し用の道具（筆者撮影）

右のような集団は今日、著作物ではしばしばサンカと書かれている。それぞれの土地の民俗語彙では、ミナオシ、ミーブチ、テンバ、ヒニン、カンジンなどと称されていたのに、サンカと表現されるのである。これは簡単にいえば、柳田國男に始まる研究者・観察者たちの習慣のようなものである。

柳田は、明治の末年、『人類学雑誌』に発表した「『イタカ』及び『サンカ』」の中で、関東地方のミナオシに言及したあと「西部のサンカとよく似たり」と書き残している。地域での呼称の違いを承知のうえ、箕にかかわる仕事や川魚漁で生計を支える無籍、非定住の集団に属する人びとをサンカと総称したのである。柳田は周知のように、わが国の民俗学を創始した大学者だったから、この用法は一種の専門用語として後学の者に引き継がれたといってよいだろう。

しかし、だからといって、「サンカ」なる民俗語彙がなかったわけでは決してない。それは柳田も記しているように、西部すなわち西日本のかなり広い範囲で日常用語として使われていた。その範囲についての卑見はのちに述べることにして、いまはそのサンカとミナオシやヒニンとの相違を指摘しておきたい。

これまでに述べてきたことからおわかりいただけるように、後者の生業は箕の製作、販売、修繕と深く結びついていた。ところが、前者は箕とのかかわりは全く、あるいはほとんどない。彼らの本質は川漁師であった。竹細工などの手わざに従事することもあったが、それは基本的には副業であった。

この人びとにも、各地方ごとにさまざまな呼び方があった。すなわちオゲ、ポン、ノアイ、サンガイなどである。そうして、だいたいの著述者が、これらに先のミナオシ、ヒニン、テンバなども合せて「サンカ」の名称を与えているのである。

次に、川漁系サンカの具体像を報告することにしたい。

「あれはサンカだ」

平成二三年九月、わたしは非定住民の生活の痕跡を求めて、兵庫県の西部から岡山県の東部あたりを車で走っていた。調査方法は単純で、土地で暮らしていると思われる年配の人びとを見つけては声をかけるのである。わたしは、それまでの体験から、二一世紀の今日でもなお、村落社会には大量の漂泊民情報が埋もれていることを知っていた。

のちに昭和八（一九三三）年生まれとわかるその男性は、岡山県美作《みまさか》市東吉田の国道四二九号に面した自宅の前で、同年配らしい女性と話をしていた。わたしは近くに車を停めて、話が終わり家へ入っていこうとする男性を呼び止めた。簡単な挨拶のあと、

「昔このあたりにいた、あちこちを移動して歩く川漁師について何か知りませんか」

と訊いた。すぐ東側の兵庫県西部で、非定住民といえば、まず川漁に生きる集団を思い起こし、彼らをサンカとかオゲと呼んでいたことがわかっていたからである。ただし、わたしは聞き取りに際し、こちらからサンカ、オゲの言葉を出すことはなかった。どんな民俗語彙が用いられていたかは重要な観察点であり、先方の口から発せられるのを待つのが望ましいからである。

「それはサンカのことですか」

男性は、わたしの問いに対して、そう訊いてきた。やはり、その言葉を知っていたのである。

わたしは、うなずいた。

「サンカはね、こんな小さな川にはいませんでしたよ」

東吉田は岡山、兵庫、鳥取三県が接するあたりの山間地である。国道に沿って後山《うしろやま》川（吉井川に注ぐ吉野川の支流）が流れているが、幅は数メートルしかない。男性は、目の前の川へ顎をしゃくりながら、そう答えたあと次のような話をしたのだった。

男性は二〇歳のころ、ここから南西へ五〇キロあまり離れた現岡山市北区建部町の旭川ダム建設現場へ出稼ぎに行った。昭和二九（一九五四）年にダムが完成する少し前のことで、まだ旭川はせき止められていなかった。

そこで働いているときのことだが、のちに長大な堰堤ができる場所のすぐ上流で、夜ごと川漁をしている中年の夫婦がいた。夜になると川に流し針を仕掛けてウナギ、ナマズ、ギギ（コイ目の淡水魚）などを捕っていたというのである。その流し針は、やや太く、うんと長い道糸に、もっと細く短いテグスを互い違いにつけて、それぞれの先に針を結んだ仕掛けであった。だから故意であれ偶然であれ、どこか一カ所を引っかけたら、全部がたぐり上げられる。それを恐れてのことであろう、夫婦は岸で夜釣りをするふりをしながら、一晩中、流し針を見張っていたという。そばには小さな川舟がつないであり、それにいろんな荷物を積んであった。舟で寝起きしていたのである。

男性が住み込んでいたのは「広鉄組《ひろてつ》」の飯場であった。そこの責任者が夫婦を見て、

「あれはサンカだ」

と言ったという。責任者は、

「連中は雨が降ったら橋の下に寝る」

とも話していた。

夫婦が当時なお、無籍・非定住であったのかどうか、もちろんわからない。すでに、どこかに定住して、慣れ親しんだ稼業で生活費を得ていた可能性も十分にある。その場合は定住地で子供を学校に通わせながら、二人だけで各地を転々としていたかもしれない。しかし、いずれであれ、彼らがサンカの系譜につらなる人びとであることは間違いあるまい。

旭川は、蒜山《ひるぜん》高原に源を発し、ほぼ一貫して岡山県中部を南流、岡山市街の南方で児島湾（瀬戸内海）へ注いでいる。旭川ダムは、その中流にある。

岡山市北区建部町の旭川ダムから見下ろした旭川（筆者撮影）

前述した男性の話を聞いた翌日、わたしはまずダムを見たあと、そこから下流二キロほどの左岸、岡山市北区建部町鶴田《たつた》を訪ねた。関連した話が聞けるかもしれないと考えたのである。そこは旭川が大きく蛇行する、すぐ上手の街《がい》村《そん》で何十戸かの民家が道路に沿うように並んでいた。

その一軒の前にいた八〇代半ばとおぼしき女性によると、背後の家には川漁だけで家族を養っていた男性が住んでいたということで

あった。男性は、

「八二か八三で亡くなったが、今年（平成二三年）が七回忌だ」

そうだから、大正一二（一九二三）年か一三年ごろの生まれであろう。

男性は、ブリキで作った小さな舟で漁をしていた。その舟をリヤカーに乗せ、バイクで引っ張って鶴田の上流や下流へ出かけていた。川にいるものは何でも捕っていたといい、獲物は妻が売り歩いていた。田んぼや畑は全く持っていなかった。専業の川漁師であった。この一家は、もちろん定住民であった。しかし、もとからの住民ではなかった。昭和二九年に旭川ダムが完成するまでは、もっと上流の村に住んでいた。そこが湖底に沈むことになったので、鶴田へ移ってきたのである。そうして、それ以前のことは女性にはわからないのである。

その一家がサンカの系譜につらなるのかどうか、はっきりしない。ただ、その暮らしぶりは、定住して間もないころのサンカの生活と共通するところがある、とはいえる。旭川流域にはかつて、同種の職業者が少なくなかったようである。当時、年配の村人はたいてい、そのような川漁師の名を一人や二人は挙げることができたのである。ダムの上流一五キロばかりの右岸、真庭《まにわ》市野原で会った昭和八（一九三三）年生まれの男性の話は、とくに興味ぶかい。

その男性は、道路ぎわに停めた軽トラックの中で、いっしょに鮎漁へ行くため知人を待っていた。わたしが、いつものような質問をすると、ぴんと来た感じで「サンカのことですよね」と言ったあと、次のように語ってくれたのだった。

「ええ、知っていますよ。橋の下に寝たり、天幕に泊まったりしながら、あちこち移り歩いていた川漁師のことでしょう。自分は見たことはないが、親やほかの年寄たちから聞きました。だいたいは亭主が漁をし、女房が売り歩いてたんじゃないんですか。自分らの親くらいの年代の者なら年中、目にしてたし、サンカの天幕も見ていたと思いますよ。サンカの話は、よくしてましたねえ。サンカも、いまは新しく家を建てて暮らしてるようですよ。この上流の落合（町の名）には何家族もが定住したと聞いてます」

ほかの人びとの情報も合わせ考えると、旭川流域に川漁を生業とする無籍・非定住の集団が存在し、彼らをこの地方の民俗語彙でサンカと呼んでいたことに疑問の余地はない。

オゲ・ポン・ノアイなどとも

先にもちょっと触れたように、兵庫県西部の山間に位置する宍粟《しそう》市あたりでは、川魚漁をしながら各地を渡り歩いていた職業者たちはサンカともオゲとも呼ばれていたことを、わたしは聞取りで確認している。

同じ兵庫県の瀬戸内海に近い姫路市の市川沿いでもサンカ、オゲの両語が混在していた可能性が高い。柳田國男門下の民俗研究者、後藤興善の『又鬼《またぎ》と山窩《さんか》』は昭和一五（一九四〇）年の刊行である。後藤は姫路市の出身で、生家に近い市川の河原に「二、三年前までは小屋がけして川漁をしてゐたオゲ」から聞いた話を同書に書き残している。それによれば、彼らが先に紹介した無籍・非定住の川漁師と同種の人びとであることは明らかだが、ここで注意しておきたいのは同書末尾の「追録」に見える次のくだりである。

自分の少年時分、この徒をサンカ・ドサンカと卑しみ恐れて呼んだ。「山窩」の字音によれば、サンクヮと発音しさうなものだつたと考へるが、さう発音しなかつた。古くからオーゲと呼ばれるのがこの徒だつた。今夏帰省して、八十二歳の青田庄三郎といふ老人に聞くと、改正になつてから、サンカと云ひ出したので、もとはオーゲでしたといふ。以前はよく、市川の川原や甲山《かぶとやま》の裏手にテントを張つてゐる者を見かけた。この徒で山番をしてゐる者や渡し守の守をしてゐる者もあつた。渡場の女房が鰻の串焼をよく売りに来たことを覚えてゐる。

後藤は、明治三〇（一八九七）年の生まれだから、右の「少年時分」とは明治末年から大正前期ごろを指していると思われる。その当時は、まだサンカの暮らしが容易に観察されたのである。青田老人が改正（明治維新）後になってサンカの言葉が聞かれだすのであり、それまではオーゲだったと言ったことには疑問を覚える。明治前期に、そのような言い方が民俗語彙として定着する特段の要件があったとは思えないからである。これは青田老人の思い込みではなかったか。

なお、「山窩」の文字は宛て字であって、これをもとに本来の発音は「サンクヮ」であるとか、ないとかいっても意味がない。それに「窩」という漢字の正しい音は、「カ」でも「クヮ」でもなく「ワ」である。

京都府の北部、由良川沿いでは彼らのことをオゲタと称することが多かった。オゲタは第二次大戦後にはすでに定住していたが、その生業はしばらく従来と変わらなかった。

主な稼ぎは、由良川での鮎漁であった。七月の祇園祭には、ここから生きた鮎を京都市街へ送っていた。自転車の荷台に積んだ桶に鮎を入れて最寄りの鉄道駅まで急送するのだが、その途中で何度か谷川の清水を補給していた。祭が終わると、由良川沿いでは鮎の値段が下がったという。彼らは、ほかに竹細工、ぞうり作り、山猟、農作業の手伝いなどもしていた。

その一集団、一〇戸ほどはいま、ある場所に集住している。かつては狭い土地に、ひしめき合うように小屋を建てて暮らしていたが、地域では被差別部落として扱われていたため同和対策事業の対象になって、もう以前の面影はない住宅地になっている。

愛知県から岐阜県にかけてのあたりに、ポン及びノアイと呼ばれる川漁系の非定住民がいたことは、研究者には古くから知られていた。柳田國男が大正九（一九二〇）年の秋、現在の愛知県新城《しんしろ》市作手《つくで》（旧作手村）を旅行した際の見聞をまとめた「ポンの行方」と題する短い報告は、その一つである。そこには次のような一節がある。

海抜千五百尺の高寒な此村にも、ポンの往来する大道は幾筋か通つて居ると見える。どの山あひを越えるのか、途で遭《あ》つたと云ふ人も聞かぬが、今まで一年として来なかつた年も無く、いつの間にかちやんと来て小屋を掛け、つゝましく煙を揚げて居る。部落から稍《やや》離れた山の蔭の、樹林を隔てゝ水の静かに流れる岸などが、此徒の好んで住む地点である。

柳田によると、作手村へ来るポンは、とくに亀類をよく捕っていたという。男たちは朝から川に入りきりで、捕ったものを売りにくるのはたいてい「子持ちの女」だったらしい。

柳田の旅から九〇年以上たった平成二三年夏、わたしは旧作手村とその近隣を二日間にわたって歩いてみた。この取材では、実際にポンを目撃したことがある人には会えなかったが、かつて非定住の川漁師たちが一帯を漂浪していた痕跡は、はっきりと確かめることができた。

そのうち最も具体的な話が聞けたのは、作手大和田の杉下栄一であった。杉下は大正六（一九一七）年の生まれで、このとき九四歳、柳田の作手村訪問の折りは三歳だったことになる。杉下は次のように語っていた。

「川漁をする漂泊民というのはいた。自分らはポンスケと言っていた。川でアメ（アマゴのこと）やウナギを捕っていた。亀も捕っていたかもしれない。ポンスケは、どこかよそからやってきて、ほんの何日かいて、またどこかへ行った。自分が六歳ごろのことだが、そんな人間がこの前の川（豊川の支流、巴川）の下流に小屋を作って、ほんのいっとき住んでいたと聞いたことがある。小屋といっても田んぼの石垣に木の棒を差して、その上に筵かなんかをかぶせていたような話だった」

柳田國男は、また、明治四四（一九一一）年の夏、岐阜、福井県へ旅行して「美濃越前往復」と題する記録を残しており、そこに次のように述べられている。

ノヤという部落あり。サンカと同じく川魚を捕るを専業とする賤民なれども移住することなし。長良川の岸にも、また三条の大池の畔《くろ》にも住み、後者はやや大なる部落なりという。ノヤは野間《のあい》かと思わる。池番として定住を許さるるか。番太なども普通に漁業は上手なり。

岐阜県郡上市美並町鬮本の八幡神社。かつてノアイたちのセブリ場であった（筆者撮影）

次は平成二四年八月、わたしが岐阜県郡上市美並《みなみ》、八幡両町の長良川沿いを訪ねたとき、美並町鬮本《くじもと》の昭和八（一九三三）年生まれの男性から聞いた話である。

「昔、川の魚を捕って村で売り歩き、ひとめぐりすると次の村へ移っていく人たちがいて、彼らのことをポンスケとかノアイと言っていたと思う。両方とも同じ意味ではないか。自分は見たことはないが、もっと年配の人なら詳しく知っているはずだ」
ほかにもノアイという言葉を耳にしたことがある人はいたが、「ノヤ」と発音した住民には出会えなかった。また、ポンスケならいまも使うが、ノアイは知らないと答えた人たちもいた。どうやら、郡上市あたりではポン、ノアイの語が混在していたようである。

サンカ集団の系譜について

サンカという言葉が記録されている最古の文献は、いま知られているかぎりでは『貞観政要格式目《じょうがんせいようきゃくしきもく》』（以下『格式目』と略）である。これを初めて広く世間に紹介したのは、歴史家の喜田《きた》貞吉《さだきち》であった。昭和一四（一九三九）年、雑誌『高志路《こしじ》』五巻一号所収の「サンカ者の名義に就いて」が、それである。

喜田は、同書の写本が高野山宝寿院の所蔵文書中にあることを知り、原本の筆者も正確な執筆時期もわからないが、その奥書に永禄一〇（一五六七）年九月、「遠州相良庄西山寺《さいさんじ》住呂良宥写　畢《うつしおわんぬ》」とあることを報告している。

一方、大阪市立大学名誉教授、牧英正の『差別戒名の系譜』（二〇一四年、阿吽社）によると、右『格式目』には七点の写本と、いずれも江戸時代刊行の板本（印刷本）三種が知られているという。かなり読まれていた書物であったことがわかる。

奥書が付いた写本のうち最古のものは、高野山金剛三昧院慶息が天文八（一五三九）年に写したものであること、さらに書写が古いらしい写本が存在すること、および内容から考えて、原本は一五〇〇年ごろまでに成立したようである。

『格式目』は、「僧の官位職」と位牌の書き方を述べた、僧侶向けの実用書である。次に本稿に関連する部分を「サンカ者の名義に就いて」から引用させていただく。

　其類例ヲ云二三家者一也。藁履作《ゾウリ》リ、坪《ツボ》立テ、絃差《ツルサシ》等也。日本ニ而《テ》ハ坂ノ者也。夫《ソ》ハ皮腐トテ京九重ニ入レハ覆面ヲスル也。是ヲ燕丹ト云也。（中略）三ケ類例ト者《ハ》、渡シ守リ、山守リ、草履作リ、筆結、墨子、傾城、癩者、伯楽等、皆連寂衆ト云也。唐士トモ云。是ヲ云二非人一ト也。千駄櫃ノ輩トモ云也。

　読みにくい文章だが、サンカの語源を考えるうえで、これが重要なのは、草履作り・坪立て・絃差し・渡し守・山守・筆結《ふでゆ》い・墨子《ぼくし》・傾城《けいせい》・癩者・伯楽《ばくろう》などを「三家者《さんかもの》」「三ケ《さんか》」と呼んでいたとしているところである。

　さらに「三家者」「三ケ」と同じ総称として、坂ノ者・皮腐・燕丹・連寂衆・唐士・非人・千駄櫃の輩を挙げている。

　草履作り以下の一〇職種（癩者は職業名とはいえないが）のうち、草履作り・癩者・伯楽（馬医者、牛馬商）を除く七つが、江戸・浅草の穢多頭《えたがしら》弾左衛門《だんざえもん》が江戸時代の中期、幕府へ提出した「由

覆面をした弓弦（ゆみづる）売り。『七十一番職人歌合』（1500年ごろの成立）より。弦売りは坂ノ者と深い関係があった

緒書」に見える、いわゆる二八座と重複している。ほかの三つも、周知のように差別と無縁ではなかった。

総称の坂ノ者は、「犬神人《いぬじにん》」「弦差し」「弦召《つるめそ》」などともいい、もとは京都・五条坂のあたりを拠点にしていた賤民集団であった。理由は不明ながら、京都市中では覆面をしなければならないことになっていた。「京九重ニイレハ覆面ヲスル也」とは、それを指している。これらの呼称は一六世紀ごろには、もっと広い地域でも用いられていた。

皮腐は、多くの伝来本で「皮庿」または「皮庿」となっており、下の字に「ハウ」とか「ホウ」の仮名を振ってあるという。『格式目』の筆者は、この二字を「カワボウ」と読ませたかったらしい。カワボウは漢字では「皮坊」と書ける言葉で、皮革系の被差別民を指す蔑称である。燕丹《えんたん》は、おそらく「穢多《えた》」の、唐士《とうじ》は「屠児《とじ》」の宛て字ではないかと思われる。連寂《れんじゃく》（連尺、連雀とも書いた）と千駄櫃《せんだびつ》は行商人のことであり、中世には賤視の対象になっていた。

要するに、三家者・三ケは何重もの意味で、中世の被差別民とかかわる言葉であったことは否定しようがない。

サンカという言葉の語源は、右の「坂ノ者」であったと思う。

坂ノ者は、元来は「坂に住む者」の意であった。この語は一一世紀の文献に、すでに見えている。当初は主として京都・清水坂（五条坂）と、奈良・奈良坂のそれを指していた。彼らは「非人」とも「長吏《ちょうり》」とも呼ばれ、賤視の対象になっていた。長吏は、現在でも穢多系の被差別民を意味する蔑称になっている地方が少なくない。

坂ノ者は、奈良か京都あたりで発生した言葉だろうが、やがて各地へ広まっていく。例えば、滋賀県琵琶湖南岸の瀬田、大阪府南部、兵庫県の有馬温泉、高知県などに中世、坂ノ者の名で呼ばれる被差別民集団が居住していたことが資料で確認できる。そのころには傾斜地の坂とは関係がなく、あくまで集団の名になっていた。

坂ノ者は、日常語ではふつう「サカンモン」と発音されていたろう。それが語中で音の転換が起き、「サンカモン」へと変化した可能性が高い。これは卑見ではない。江戸時代初期の浄土宗の学僧、袋中が著書『泥洹《ないおん》之道』に記した説である。

喜田貞吉は、これを支持したうえで、語中の音の転倒は、ことに上方に例が多いと述べている。喜田は、京都あたりの住民が、新《あら》たしいをアタラシイ、身体《からだ》をカダラ、茶釜をチャマガ、寝転ぶをネロコブ、釣瓶《つるべ》をツブレ、蕪《かぶら》をカルバと訛って発音しているように、サカンモンがサンカモンに変化したのだとしているのである（一九二〇年「サンカ者名義考」）。

明治四（一八七一）年に浜田県（現在の島根県にあった）が大蔵省へ出した文書には、

「サンカモノト唱エ候流民」

なる一文があり、わたし自身も兵庫県宍粟市一宮町黒原で、サンカのことをサンカモンと言っていた男性に出会っている。サンカはサンカモノ、サンカモンとも称されていたのである。そうして、中世の坂ノ者と近代のサンカには重要な共通点を指摘できる。つまり、双方とも差別・賤視の対象であった。これと、サカンモンからサンカモンへの転訛はいかにもありそうなことを合わせ考えると、袋中説＝喜田説の妥当性は否定しがたいように思われる。

ただし、中世から近世末・近代初めまでのあいだに、意味に微妙な変化が起きている。被差別民の総称から、一部の被差別民すなわち無籍・非定住の集団を指すようになってしまったのである。この変化が、まずどこで起きたのかわからない。しかし、民俗語彙としての残り具合から判断して、中国地方の中・東部ないし近畿地方の西部あたりの可能性が高いのではないか。次にサンカなる語が日常語の中で使われていた地域について、もう少し詳しくみておきたい。

既述のように、本稿で取上げているような無籍・非定住の職能民集団を呼ぶ民俗語彙は、地方によってまちまちであった。それらにテンバ、ミナオシ、ミーブチ、ポン、ノアイ、サンカ、オゲ、ヒニンなどがあったことは、すでに記したとおりである。今日では、それらをまとめてサンカと称することが多い。

そうであるとするなら、サンカなる語は本来、どこで使われていたのか確かめておく必要があるといえる。ところが、これがなかなか難しいのである。メディアや、研究者・観察者の著作物を通じて広がったのか、もとからあったのか見分けにくい場合が少なくないためである。

紙数の関係もあり、出典を細かく示すことはひかえておきたいが、まず中国地方のほぼ全域が右に含まれることは間違いない。ただし、西端の山口県については、わたしにははっきりしない。九州には、なかったと思う。

近畿地方のうち、和歌山県や奈良県などを除く地域にはあったことが、ほぼ確実である。中部地方は判別が難しいが、福井、岐阜、愛知、三重あたりには存在したようである。関東地方から北には、なかったといってよい。

分布が最も濃密なのは、中国地方の東部から近畿地方の西部にかけてであったろう。おそらく、この地域のどこかで明治維新後、警察の部内用語として「サンカ」の言葉が採用される。それは民俗語彙がもつ意味とは微妙に違って、「各地を徘徊しながら犯罪の機会をうかがう無籍者の集団」といったニュアンスをもち、ほぼ常に「山窩」の文字が宛てられていた。

明治・大正のころには、その目で見れば、そう見える人びとはそこら中にいて、どこの警察でも彼らを目の敵にしていたから、刑事たちの便利な隠語として全国へ広がっていく。そうして、警察まわりの新聞記者たちが書く記事を通じて、右記以外の地方に住む人びとも、この言葉を知ることになったのである。昭和に入ってからは、前に名前を挙げた三角寛の数百篇に及ぶ「山窩小説」の影響が、とくに大きかった。

一方、柳田國男ら研究者は、もう少し客観的にサンカを見ようとしていた。しかし、この方面の研究に本気で取り組んだ者は、柳田を含めて実質的に皆無であったといってもよい。そのうえ、彼らの著述はみな専門誌に発表されたから、その影響は大衆雑誌に及ぶべくもなかった。その結果、三角らが創作した荒唐無稽のサンカ像が、あたかも事実の報告のように世間でも通用していたのである。

これまでに述べてきたような非定住民の起源を知ろうとするとき、まず注意しておかなければならないのは、箕や機《はた》織《お》り具の筬《おさ》などの製作・修繕にかかわった細工系と、川魚漁をたつきとした川漁系を分けて考えることである。たしかに、ともに無籍・非定住の民ではあったが、生業に決定的な違いがあった。そうである以上、別種の起源をもつ集団であったろう。

作業をすすめるに当たっては、あくまで彼らの現実の生態にこだわる必要がある。そうしないと、観念論に終わってしまうことになる。ところが、川漁系は箕作り系（細工系のうち箕の仕事で生計を支えた者たち）より一世代か、それ以上はやく姿を消している。というより、箕作り系だけが第二次大戦後まで存在し得たのである。それは箕が昭和二〇年代から三〇年代初めにかけて、最後の大需要期を迎えたからであった。仕事があったから生き残れたのである。

そのため、わたしが取材を始めた平成一二年、すなわち西暦二〇〇〇年ごろには、まだサンカとしての暮らしを経験した人びとが、かなりたくさん残っていた。本稿で紹介した彼らの生態は、その折りの取材にもとづいている。一方、川漁系については、その部内に身を置いていた人の話は、ついに聞くことができなかった。彼らが本来の暮らしをしていた時代は、すでに遠く過ぎ去っていたのである。したがって、以下に記すことは、あくまで箕作り系サンカに関する卑見である。

わたしが各地で聞取りをしていてすぐに気づき、そして不審に思ったのは、箕《み》作り差別のことだった。東北地方の北部ではほとんど感じられないが、それより南ではどこででも箕にかかわる仕事に従う者は差別・賤視の対象になるのである。それは、どう考えても血穢《ちえ》や死穢《しえ》とは関係がない。それなのに、なぜか賤民の扱いを受けるのである。

しかし、これに触れた文献類は、ほとんどないので、研究者でも気づいていない人が多い。それがどんなものか説明するには、かなりの紙数を必要とする。興味をもたれた方は、拙著『サンカの起源』を参照していただけると幸いである。

とにかく、同じ差別は朝鮮半島にも存在した。というより、こちらのほうがはるかに厳しかった。それを裏づける資料は少なくないが、ここでは日本が半島を植民地として支配していた時代の大正元（一九一二）年に刊行された朝鮮駐箚《ちゅうさつ》憲兵司令部編『朝鮮社会考』から、次の文章を引いておくだけにしたい。

柳《やなぎ》箕《み》、笊縁《ざるぶち》の製造は此の種族の特権にして、他の種族は慣習上、製作権なきものとなり居れり。

朝鮮の竹製の箕。ほかにコリヤナギで作った箕もある（筆者撮影）

前述の「此の種族」とは、白丁（ペクチョン）と呼ばれた被差別民を指している。彼らは、ただの賤民ではなかった。ほかの賤民と違い戸籍がなかった。その結果として、少なくとも公的には姓名を名乗ることができなかった。納税と兵役の義務も免れていた。町や村の中で常民にまじって住むことが許されず、そのはずれに集落を営むしかなかったのである。

朝鮮には柳で作る箕と竹製の箕があった。『朝鮮社会考』では柳箕だけを取上げているが、竹箕についても同じことがいえた。箕は白丁しか作らず、ほかの者は作ることを許されていなかったのである。つまり、箕を作る者は厳しい差別・賤視の対象になっていた。

日本で使っている、ちりとりのような形の箕は東アジアの一部にしか見られない。正確にいえば、日本でも種子島と屋久島を南限とし、奄美諸島より南では円形の、笊のような箕が存在するだけであった。一般に「バラ」と呼ばれ、これと同タイプの箕はもっと南のフィリピンやインドネシア、ベトナムなどへと使用範囲が広がっている。この事実は、ちりとり型の箕が、朝鮮半島からわが国へ伝わったことを強く示唆している。それとともに箕作り差別も、わが国に伝来したというのが卑見である。

この説を納得していただくためには、もっと丁寧で詳細な説明がいる。本稿のような紙数では、それはとてもできそうにない。いまは、拙著『サンカの起源』で延々原稿用紙六〇〇枚分にわたって、この問題に対する卑見を記してあることをお知らせしておくだけにしたい。

参考文献

後藤興善『又鬼と山窩』書物展望社　一九四〇年
三角寛『サンカの社会』朝日新聞社　一九六五年（のち『サンカ社会の研究』として現代書館より復刻）
鳥養孝好『大野川流域に生きる人々』鳥養孝好先生還暦記念事業会　二〇〇〇年
筒井功『サンカの真実――三角寛の虚構』文春新書　二〇〇六年
筒井功『サンカの起源――クグツの発生から朝鮮半島へ』河出書房新社　二〇一二年

執筆者略歴（執筆順）

神崎《かんざき》宣武《のりたけ》　一九四四年、岡山県生まれ。旅の文化研究所所長。『聞書き　遊廓成駒屋』（ちくま文庫、二〇一七年）、『「おじぎ」の日本文化』（角川ソフィア文庫、二〇一六年）、『大和屋物語――大阪ミナミの花街民俗史』（岩波書店、二〇一五年）

山本《やまもと》志乃《しの》　一九六五年、鳥取市生まれ。旅の文化研究所研究主幹。『行商列車――〈カンカン部隊〉を追いかけて』（創元社、二〇一五年）、『女の旅――幕末維新から明治期の11人』（中公新書、二〇一二年）

小島《こじま》孝夫《たかお》　一九五五年、埼玉県生まれ。成城大学教授。『平成の大合併と地域社会のくらし――関係性の民俗学』（編著、明石書店、二〇一五年）、『クジラと日本人の物語――沿岸捕鯨再考』（編著、東京書店、二〇〇九年）、『日本の民俗1　海と里』（共著、吉川弘文館、二〇〇八年）

松田《まつだ》睦彦《むつひこ》　一九七七年、横浜市生まれ。国立歴史民俗博物館准教授。『人の移動の民俗学――タビ〈旅〉から見る生業と故郷』（慶友社、二〇一〇年）、『柳田國男と考古学』（共編著、新泉社、二〇一六年）、『〈人〉に向きあう民俗学』（共著、森話社、二〇一四年）

稲垣《いながき》尚友《なおとも》　一九四二年、東京都生まれ。竹かご作り。『灘渡る古層の響き――平島放送速記録を読む』（みずのわ出版、二〇一一年）、『やさしく作る竹組み工芸』（日貿出版社、二〇一〇年）、『やさしく編む　竹細工入門』（日貿出版社、二〇〇九年）

筒井《つつい》　功《いさお》　一九四四年、高知市生まれ。民俗研究者。『猿まわし　被差別の民俗学』（河出書房新社、二〇一三年）、『サンカの起源――クグツの発生から朝鮮半島へ』（河出書房新社、二〇一二年）、『サンカの真実　三角寛の虚構』（文春新書、二〇〇六年）

旅《たび》の文《ぶん》化《か》研《けん》究《きゅう》所《じょ》
東京都中央区日本橋浜町一-三-四
東京浜町近鉄ビル五階
近鉄グループホールディングス株式会社
東京支社
〒103-0007
電　話　03-5820-0360
FAX　03-5820-0361

旅《たび》の民《みん》俗《ぞく》シリーズ
第《だい》一《いっ》巻《かん》　生《い》きる

二〇一七年十月二十日　第一版第一刷発行

編　者　旅の文化研究所
発行者　菊地泰博
発行所　株式会社 現代書館
東京都千代田区飯田橋三-二-五
郵便番号　102-0072
電　話　03-3221-1321
FAX　03-3262-5906
振　替　00120-3-83725
組　版　プロ・アート
印刷所　平河工業社（本文）
東光印刷所（カバー）
製本所　積信堂
装　幀　箕浦卓
地図製作　曽根田栄夫

校正協力・高梨恵一
 ISBN978-4-7684-5815-0

http://www.gendaishokan.co.jp/

『旅の民俗』シリーズの刊行にあたって

旅の文化研究所所長　神崎宣武

「旅」は、人類が共有する行動様式のひとつである。

そのはじめは、食べものを求めての旅であっただろう。それが、食料や衣料を携えての交易の旅に進化する。やがて、芸能や祈禱を演じながらの旅も派生する。遊行や巡礼の旅も派生する。そして、交通の発達にともなうかたちで保養や娯楽の旅が発達した。

その間、放浪や探検・冒険の旅に出る者もいた。

現代は、ボーダレスで多様な旅が享受できる時代である。が、一方で、戦争にまつわる避難や亡命の旅が絶えるきざしがない。

そうした旅の形態は人類が共有するものであるが、そこでの「しつらい」や「しきたり」は、時代ごとに、あるいは民族ごとにつくられていくものである。それが、つまりは「旅の文化」ということになるだろう。たとえば、日本では、江戸時代に庶民の旅の発達をみた。それは、ひとつには、幕府の重要施策である参勤交代を実施するために街道と宿場の整備があったからである。つまり、そのしつらいが整ったところで、相応に安全な旅が可能になった。また、庶民社会では、伊勢講に代表される寺社詣での講を組織し、代参制を敢行した。つまり、そのしきたりが建前上は厳しい幕藩の取締りをも緩和させることになったのである。

私どもは、旅の文化研究を民俗学や文化人類学を中心に学際的にも国際的にも広げて行うことを心がけてきた。それは、旅行者も周旋者も地元民も、三者ともが益する旅の文化の成熟と持続を願ってのことである。

旅の文化研究所は、来年（平成三〇年）、創立二五周年を迎える。その中間的なまとめとして、株式会社現代書館のご協力を得て本シリーズを刊行する。経済の高度成長期以降、社会も人心も急速に変化・変容していく。本シリーズは、その「忘れえぬ時代」の証言集になるであろう。

これまで旅の文化研究所の諸活動をご支援いただいた近鉄グループホールディングス株式会社をはじめ、共同研究にご参加いただいた方がた、機関誌『まほら』の読者の方がたなどに心からお礼を申しあげたい。そして、今後ともにお力添えをいただきたい、とあらためてお願いするしだいである。